Georg Dreißig

Was Kinder innerlich stark macht

W0052322

Georg Dreißig

Was Kinder innerlich stark macht

Märchen als Anregung,
sich selbst zu entdecken

Verlag Urachhaus

ISBN 3-8251-7143-4

Erschienen 2002 im Verlag Urachhaus
© 2002 Verlag Freies Geistesleben & Urachhaus GmbH, Stuttgart
Umschlagfoto: Heidi Velten, Leutkirch-Auslang
Umschlaggestaltung: U. Weismann
Druck: Offizin Chr. Scheufele, Stuttgart

Inhalt

Vorwort

Wer ist das Kind, das da zu uns gekommen ist? Was sind seine Bedürfnisse, und welche Hilfen können wir ihm geben, dass es sich selbst finden, sich an seine Ziele erinnern und sie verwirklichen kann?

Die folgenden Darstellungen sollen in erster Linie dazu ermutigen, die eigenen Fragen und Wahrnehmungen, die sich im Umgang mit Kindern einstellen, ernstzunehmen und ihnen zu vertrauen. Gelingt es uns, uns von einigen allgemein anerkannten Vorurteilen über das Wesen des Menschen und die Ziele der Erziehung zu lösen, wird unser Blick frei, das ins Auge zu fassen, was uns das Kind selbst über sein Wesen mitteilen will.

Wer dem Kind in solch fragender Offenheit begegnet, der bemerkt bald, dass es selbst den Reichtum an Kräften ins Leben mitbringt, die es zur Ausgestaltung seiner Persönlichkeit, seiner Absichten und Ziele befähigen. Er bemerkt aber auch, wie unbewusst dem Kind selbst dieser Reichtum ist und wie leicht er von anderen, dem Wesen des Kindes fremden Impulsen zugedeckt wird.

Ob Erziehung fruchtbar werden kann, hängt letztlich von zweierlei ab:

erstens davon, wie weit es gelingt, den Schatz in der Seele dem eigenen Zugriff des Kindes zu erschließen und die Eigenkräfte so zu stärken, dass sie Fremdeinflüssen standhalten können;

zweitens von der Beschaffenheit der »Werkzeuge«, die dem Kind zur Entfaltung der eigenen Seelenkräfte zur Verfügung gestellt werden und der Verwirklichung seiner Pläne dienen sollen.

Unter dieser Fragestellung zeigt sich, welche Bedeutung Märchen und Feste für das Leben des Kindes haben: Sie sind Schlüssel, die ihm die Schatzkammer seiner Seele aufschließen, andererseits

Werkzeuge, aus den eigenen inneren Fähigkeiten die eigene Biografie und die Welt zu gestalten.

Anregungen, diese Schlüssel und Werkzeuge sinnvoll zu nutzen, sollen die folgenden Darstellungen geben. Die einzelnen Kapitel haben zwar einen inneren Zusammenhang; es ist aber versucht worden, sie so zu fassen, dass sie je nach persönlicher Fragestellung auch gut für sich selbst gelesen werden können.

Georg Dreißig

Unser Kind – das unsichtbare Wesen

Wieviel Erziehung verträgt ein Kind?

Wie sollen unsere Kinder erzogen werden? Diese Frage hat im vergangenen Jahr sogar als Schlagzeile für die Tageszeitungen getaugt. Die Erziehungsdebatte der Kanzlergattin Schröder-Köpf in der »Bild« im Sommer 2001 und die Ergebnisse der Pisa-Studie Ende des Jahres 2001 waren der aktuelle Anlass dazu.

Mit Sorge wird die wachsende Lernunlust der Kinder bis hin zur Lernverweigerung beobachtet, die wachsende Aggressivität schon im Kindergarten, der Sittenverfall, um nur einiges zu nennen. Strenger und effizienter soll fortan die Kindererziehung wieder werden, hieß es deshalb unisono. Höflichkeit und Pflichterfüllung, Bescheidenheit und Fleiß sollten wieder in die Schulstuben einkehren. Wer wollte dagegen die Stimme erheben!

So klar jedoch die Werte und so nachvollziehbar die Ziele sind, die da formuliert wurden, die entscheidende Fragestellung tauchte in den Debatten fast gar nicht auf, die Frage nämlich: Wer ist das eigentlich, das Kind, das da erzogen werden soll? Dementsprechend fehlten auch Überlegungen darüber, ob es eigentlich die Werte und Ziele der Kinder sind, um die sich die Erziehung jetzt wieder stärker kümmern will.

In unserer Gesellschaft kann aber ein solches Wissen durchaus nicht als bekannt vorausgesetzt werden. Die Schwierigkeiten auf dem Erziehungssektor mögen im Gegenteil ihren Grund gerade darin haben, dass bereits zuviel erzogen worden ist, ohne dass die Maßnahmen und Ziele genügend am Wesen des Kindes selbst abgelesen worden wären.

Was »die Gesellschaft« oder »die Wirtschaft« braucht, darüber gibt es recht klare Vorstellungen. Wie aber stehen dazu die Bedürfnisse der Kinder, ihre Fragen, Hoffnungen, Notwendigkeiten? Die Katastrophe kann gar nicht ausbleiben, wenn versucht wird, in der Erziehung Werte zu vermitteln, die dem Kind gar nichts bedeuten, weil sie ihm letztlich wesensfremd sind. Wer seine Erziehungsaufgabe ernst nimmt, darf an den Ausgang seiner Bemühungen nicht seine eigenen Erwartungen stellen, sondern muss versuchen, am Wesen des Kindes abzulesen, wohin es strebt und welche Hilfen es braucht.

Die »Erziehungskatastrophe«, von der heute gesprochen wird, ist nicht eingetreten, weil die Kinder so problematisch sind. Sie ist eingetreten, weil die erziehenden Erwachsenen, statt eine wesensgemäße Entfaltung zu fördern, Kinder für ein Leben in einer von Wirtschaft und Profitdenken beherrschten Gesellschaft programmieren wollten und die Kinder sich diesem Programmiertwerden verweigern. Vorgaben und Notwendigkeiten dessen, was Erziehung leisten soll und leisten kann, sind in fahrlässiger Weise missachtet worden. Dagegen haben sich die Kinder gewehrt und wehren sich immer noch – und zwar kräftig.

Diese Kraft, die sich da in den Kindern zeigt, kann für die Zukunft eigentlich hoffnungsvoll stimmen. Die in den letzten Jahren ihren Lebensweg unter uns angetreten haben, sind keine Schwächlinge. Das Feld aber, auf dem sie ihre Kraft ihren eigenen Zielen entsprechend einsetzen können, statt sie in Ablehnung und Zerstörung entladen zu müssen, suchen sie noch.

Die eigentliche Ursache für den derzeitigen Missstand der Erziehung darf man aber nicht bei den Erziehenden selbst suchen, die oft mit den besten Absichten das Falsche tun. Die tiefere Ursache ist das konventionelle Zerrbild vom Menschen, das die Grundlage für unsere Zivilisation und damit auch für die Erziehung ist, das aber für das Wahrnehmen des eigentlichen Menschenwesens, mit dem wir es zu tun haben, nicht förderlich ist, sondern im Gegenteil diese Wahrnehmung sogar lähmt.

Fertige Antworten behindern das rechte Fragen

Merkwürdigerweise fällt ein solches vorurteilsloses Wahrnehmen des Kindes gar nicht leicht. Ursache dafür sind die in unserer Gesellschaft akzeptierten, scheinbar wissenschaftlich abgesicherten Aussagen über das Wesen des Menschen. Sie wirken lähmend auf das eigene offen fragende Hinschauen. Solche das eigene Wahrnehmen lähmende Antworten sind u.a.:

Der Mensch ist ein Säugetier, ein Produkt von Umwelt und Vererbung.

Die Schöpfung ist aus einer großen Explosion, dem »Urknall«, hervorgegangen.

Krankheit, Alter und Tod sind Behinderungen, die ausgerottet werden müssen.

Diese Aussagen sind heute in der Gesellschaft allgemein akzeptiert. In ihrer selbstverständlichen, fraglosen Akzeptanz liegt aber gerade die tiefere Wurzel für die Probleme, mit denen wir es heute in der Erziehung zu tun haben. Hier liegen die Ursachen für die Schwierigkeiten, auf welche die Kinder stoßen, wenn sie ihren Weg ins Leben suchen. Denn das Vorliegen dieser scheinbar abgesicherten Aussagen macht es für den Einzelnen schwer, die entscheidenden, ihn betreffenden Fragen zu stellen und sich zu seinen eigenen Antworten zu bekennen. Solche für die Bewältigung eines jeden Lebensweges entscheidenden, grundlegenden Fragen sind u.a.:

Wer bin ich?

Was ist mein Platz in der Welt?

Wie kann ich mit Krankheit, Altern und Sterben umgehen?

Öffentlich kann heute kaum noch so gefragt werden. Denn eine Beschäftigung mit solchen Fragen muss sich mit Notwendigkeit einer anderen als der wissenschaftlich akzeptierten Terminologie bedienen, weil die Wissenschaft gar keine entsprechenden Begriffe zur Verfügung stellt. Um etwa von »übersinnlichem Dasein«, »Vorgeburtlichkeit«, »Sinn des Lebens« und »Durchgang durch den Tod« zu sprechen, fehlen ihr schlicht die Worte. Wer dennoch darüber sprechen möchte, ist genötigt, Anleihen im Bereich des religiösen Lebens zu machen. So aber entsteht schnell der Eindruck, dass nicht mehr wissenschaftlich, d.h. aufgrund der eigenen Beobachtungen, argumentiert werde, sondern religiöse Vorstellungen und Ideologien an die Stelle der Wahrnehmung und des Erfahrbaren getreten seien.

So finden wir uns heute gesellschaftlich allein gelassen, ja in die Enge gedrängt gerade im Umgang mit denjenigen Fragen, denen sich jeder Mensch – und zwar immer wieder neu – stellen muss, um sein Leben meistern zu können.

Wer sich fragt: Wer bin ich?, dem hilft es gar nichts zur Bewältigung seines Lebens, dass er darauf darwinistisch korrekt antworten kann: Ich bin ein Säugetier. In keiner einzigen Lebenslage kann er darauf sein Verhalten begründen. Die Antwort enthüllt sich als hohl, als untauglich für das Leben.

Wer sich fragt: Was ist mein Platz im Leben?, dem hilft es gar nichts, feststellen zu können, dass die Schöpfung ein großer Zufall gewesen sein soll. Die Aussage macht es ihm nur schwer, ernsthaft nach dem Lebenssinn zu forschen.

Wer sich auf Leid, Krankheit und Tod einlassen muss, den kann die verbreitete Meinung, dass diese Lebenstatsachen sinnlos seien und eigentlich ausgemerzt werden sollten, dabei nur schwächen. Ermutigung und Stärke im Umgang mit dem, was mit größter Sicherheit auf jeden Menschen zukommt, muss er heute anderswo als auf dem von der gewöhnlichen Wissenschaft bearbeiteten Feld finden.

Um einen positiven Grund für unsere Erziehungsbemühungen zu legen, ist es notwendig, dass wir uns zunächst bewusst von solchen die Wahrnehmung verhindernden und den Eigenwillen lähmenden »Antworten« lösen. Nur so können wir für die Fragen wach werden, die sich uns aus der Lebenswirklichkeit des Kindes und der eigenen Erfahrung stellen, und wahrnehmen, zu welchen Antworten das Kind selbst uns führen will.

Dabei wird sich zeigen, dass es viel leichter ist, das Wesen des Kindes beobachtend zu erfassen, als man angesichts der heutigen Probleme vielleicht meinen würde. Wer bereit ist zu sehen, was vor Augen liegt, und auch für wahr zu nehmen, was er selbst empfindet, dem offenbart es sich auf vielfältige Weise. In den folgenden Kapiteln soll es zunächst um Wahrnehmungen gehen, die im Umgang mit den Kindern ganz selbstverständlich und zuverlässig auftreten, aber in ihrer Bedeutung leicht unterschätzt werden. Damit soll das Vertrauen in die eigene Wahrnehmung und das sinnvolle Fragen nach dem Wesen des Kindes angeregt werden. So gewinnen wir einen sinnvollen Ausgangspunkt dafür, dem Kind erzieherisch die ihm angemessenen Hilfen zukommen zu lassen.

Am Lebensanfang steht eine Frage

Erinnern Sie sich noch an die erste Wahrnehmung Ihres eben geborenen Kindes und an die Empfindungen, die seine Ankunft in uns geweckt hat?

Wie hilflos ist doch so ein kleines Neugeborenes, wenn wir es zum ersten Mal im Arm halten! Endlich ist es da: ganz nackt, ein bisschen feucht noch, warm, rot oder sogar ein wenig bläulich. Die zarte Haut wirkt vielleicht etwas verschrumpelt, etwas zu groß geraten. Die Äuglein sind noch fest verschlossen, das kleine Köpfchen liegt schwer in der stützenden Hand oder an unserer Schulter. Mit deutlichen, aber zugleich noch so winzig wirkenden Schreien tut es sein Erstaunen über die eigene Geburt kund. Es staunt über die Tatsache seines Erscheinens auf der Erde, vermeldet seine Überraschung über die so andersartigen Verhältnisse in der neuen Umgebung, beklagt sein Unvermögen, sich harmonisch eingegliedert zu erleben in das noch so ganz Fremde. Und dann das kleine Gesichtchen! Es hat etwas überraschend Individuelles. Das ist nicht irgendein Kind, sondern dies ganz konkrete, für das wir den rechten Namen vielleicht schon längst überlegt haben. Weil es so individuell, so eindeutig es selbst ist, kommt es uns am Anfang sogar ein bisschen fremd vor – und insgeheim schämen wir uns deswegen und schelten uns dafür, dass wir unser eigenes Kind als kleinen Fremdling erleben.

In den folgenden Tagen verliert sich diese Fremdheit aber schnell; das Neugeborene wird uns immer vertrauter. Indem wir auf seine Bedürfnisse lauschen und es pflegen, wird es ganz rasch unser eigenes Kind. Kaum erinnern wir uns dann noch an die Fremdheit der ersten Tage.

Jetzt allerdings sollten wir versuchen, gerade dieses Erleben noch einmal in unserer Erinnerung wachzurufen. Denn damit verbunden war eine für das Kind ganz kostbare Frage. Mehr oder weniger bewusst haben wir in jenen ersten Tagen manchmal gefragt:»Wer ist da eigentlich zu uns gekommen?« Je vertrauter uns das Kind dann geworden ist, umso mehr haben wir diese Frage wieder vergessen.

An diese Frage wollen wir uns jetzt wieder erinnern. Sie eignet sich gut zum Einstieg in unser Thema, denn sie weckt unser Bewusstsein dafür, dass wir bei dieser ersten Begegnung mit unserem Kind auf etwas geschaut haben, das mit Augen gar nicht zu sehen ist. Wir haben auf das geschaut, was wir in dem Kind als seine verborgene Möglichkeit ahnten, etwas, das auf eigenartige Weise schon vorhanden und doch erst noch werden und in Erscheinung treten wollte.

Ganz selbstverständlich löst sich in der Geburtssituation unser Blick von»unserem eigen Fleisch und Blut«, und wir wenden ihn dem übersinnlichen Wesen des Kindes zu. Mit diesem den Sinnen noch verborgenen Wesen treten wir durch die Frage»Wer bist du?« in Beziehung.

Haben Sie schon einmal bedacht, dass man eine solche Frage nur in Bezug auf einen Menschen stellen kann? Für alle anderen Wesen, die uns umgeben, ist die Frage nach dem Ziel ihres Werdens durch die Art ihres Daseins schon beantwortet: Das Kälbchen wird ganz gewiss zu einer Kuh oder einem Stier werden, der Pflanzenkeimling zu einem Abbild der Mutterpflanze.

Das Kind wird ein Mensch – auch das ist gewiss; aber wie unbestimmt ist diese Aussage, wie unzählig viele Möglichkeiten ihrer Verwirklichung gibt es. Eines jedoch ist ganz gewiss: Je stärker eine Persönlichkeit ist, umso weniger wird die Art, wie sie ihr Menschsein verwirklicht, von den Bedingungen abhängen, unter denen sie einst geboren worden ist, umso kräftiger wird sie selbst entscheiden, wer und auf welche Weise sie sein will.

Indem wir die Frage der ersten Tage dem Kind gegenüber bewahren, bewahren wir uns zugleich die Offenheit dafür, das Kind in seinem eigenen Wesen wahrzunehmen über das hinaus, was unsere Augen schon sehen können, über das hinaus, was uns an seinem kindlichen Verhalten schon vertraut geworden ist. So schaffen wir ihm einen Freiraum, in den hinein es sich in seinem eigenen Sinn entfalten kann.

Allmählich wird sich die Frage Wer bist du? erweitern zu: Was sind deine Absichten und Ziele? Ein entscheidender Schritt in der Erziehung des Kindes ist getan, wenn der Erwachsene in vollem Ernst so fragen kann. Dieses einzuüben, kann sich jeder Erwachsene, der Kinder erzieht, bewusst zur Aufgabe machen. Auch derjenige, dem die Herkunft des Menschenwesens aus einem vorgeburtlichen Dasein ganz vertraut ist, gerät, wenn er versäumt, diese Fragehaltung einzuüben, leicht in die Gefahr, das eigene Kind programmieren zu wollen, eben im Sinn seiner eigenen spirituellen Vorstellungen und Ideale, die aber nicht unbedingt diejenigen dieses ganz bestimmten Kindes sind, mit dem er es zu tun hat.

Die angeregte Fragehaltung lädt zu einem wachen Wahrnehmen dessen ein, in dem sich die Ziele des Kindes in seinem eigenen Verhalten immer klarer selbst aussprechen. So kann der Erzieher der Gefahr entgehen, zum Programmierer des Kindes zu werden, und sich von Anfang an darauf einstellen, dessen persönliche Absichten in angemessener Weise zu fördern.

Woher hat unser Kind seinen Namen?

Mit der Frage »Wer ist da zu uns gekommen?« wenden wir uns, wenn auch oft unbewusst, dem Wesen des Kindes im Übersinnlichen zu. Damit im Zusammenhang steht eine weitere Erfahrung, die viele Eltern im Umkreis der Geburt machen und die ebenfalls wert ist, für einen Augenblick bestaunt zu werden.

Noch ist das Kind nicht geboren, der sich bildende physische Leib den Augen verborgen, da fragen die Eltern sich bereits, wie das Kind, das da zur Welt kommt, einmal heißen soll. Selten ist diese Frage dadurch befriedigend zu beantworten, dass entsprechende Bücher – »1.000 Vornamen für Mädchen und Jungen« – zu Rate gezogen werden und daraus einfach der schönste Name ausgewählt wird. Ein seltsam eindeutiges Gefühl sagt den werdenden Eltern, dass es nicht darum geht, irgendeinen Namen zu finden, sondern dass es der richtige Name sein muss.

Eine solche Erfahrung sei stellvertretend für zahllose ähnliche hier angeführt. Mirjam Heil schreibt in ihrem kürzlich erschienenen Buch »Caspar. Das Leben und Sterben eines Kindes«: »Für unser Kind habe ich schon viele Namen, dachte auch mal an Caspar, traute mich nicht, das ernsthaft vorzuschlagen. Dann druckst Matthias [der Vater] ... herum: Äh, du, ich mein', schlag mich nicht, aber ich fänd Caspar ganz schön ... und damit war klar, das wird CASPAR.«

Was erleben die werdenden Eltern da?

Sie erleben, dass der Name des kommenden Kindes bereits existent ist, sie als Eltern umschwebt, ohne immer gleich greifbar zu sein. Mitunter klingt er im Traum auf, oder er fällt ihnen plötzlich einfach unverhofft ein, fraglos, zweifelsfrei. Manchmal findet er sich aber auch lange Zeit nicht, und nur die Tatsache, dass alle sonstigen Namen eben nicht die richtigen sind, weist auf die verborgene Existenz des wahren Namens hin. Er ist keine nur ausgedachte Bezeichnung – aus der Not geboren, dass es so viele Menschen gibt, die man ja irgendwie unterscheiden können muss.

Der Name des Kindes ist schon von Anfang an da; er wird zuerst geboren. Er bezeichnet gar nicht erst das in einem Erdenleib lebende Menschenkind, sondern bereits sein Wesen, das in diesem Leib einmal leben wird, diesem gegenüber aber durchaus eine gewisse Eigenständigkeit hat. Wenn wir auf das Ende des Erdenlebens hinblicken, so können wir ergänzen: Der Name stirbt auch nicht mit dem Leib. Er bezeichnet weiterhin das Wesen des Menschen, der sein Erdenleben abgeschlossen hat.

Indem wir versuchen, seinen Namen zu erlauschen, treten wir in Beziehung zu dem verborgenen übersinnlichen Wesen des Kindes. Das Tasten nach dem richtigen Namen noch vor der Ankunft des Kindes lässt uns empfinden, dass das Wesen des Kindes, das bei uns geboren werden will, schon vorgeburtlich in unserer Nähe und in gewisser Weise sogar schon ansprechbar ist. Sein Weg mit uns hat bereits vor der Geburt begonnen. Seine eigentliche Herkunft liegt im Vorgeburtlichen.

Die Frage »Wer ist da zu uns gekommen?« kann uns das Bewusstsein für diese Tatsache wach halten und mit der Zeit auch im Kind selbst die Frage nach seiner eigenen Herkunft, seinem wahren Wesen und seinem persönlichen Ziel wecken.

Unsere Leiblichkeit - Garant unserer Freiheit

Wie verträgt sich dieses Tasten nach dem Wesen des Kindes im Übersinnlichen mit der Tatsache, dass der Mensch, anatomisch betrachtet, eindeutig ein Säugetier ist? Geraten wir, indem wir unser empfindendes Wahrnehmen so ernst nehmen, nicht in einen unüberbrückbaren Gegensatz zu einer heute wissenschaftlich eindeutig nachweisbaren Tatsache?

Das ist durchaus nicht der Fall. Dass der Mensch ein Wesen ist, das nicht durch seinen Leib bestimmt wird, sondern das diesen Leib zur freien Nutzung zur Verfügung gestellt bekommt, ist nicht nur unser subjektives Empfinden. Es ist eine Tatsache, die sich bis in die Anatomie des Menschen hinein ausprägt. Selbst die Ausgestaltung unserer Leiblichkeit weist auf die Tatsache hin, dass der Mensch aus dem Übersinnlichen heraus und auf das eigene freie Entscheiden hin gestaltet ist.

Dass der Mensch ein höheres Säugetier sei, welches sich nahtlos an die Entwicklungsreihe der höheren Säugetiere anschließt, diese Aussage der vergleichenden Anatomie gründet lediglich auf der Ähnlichkeit der Leibesglieder. Diese sehr sprechende Ähnlichkeit haben die Anatomen zwar bemerkt, den bedeutenden Unterschied zwischen Mensch und Tier aber merkwürdigerweise übersehen, der darin besteht, dass der Mensch ein ganz anderes Verhältnis zu seinem Leib hat als das Tier.

Das Tier wird nicht nur in seinen Leib, sondern auch in das ihm entsprechende Verhaltensmuster hineingeboren. Mit der Ausgestaltung seines Leibes ist es als Tier fertig; ein weiterer Entwicklungsprozess, der es vervollkommnen würde, findet nicht statt. Das Tier verhält sich von Anfang an, wie es seiner Art entspricht, ohne dass es dieses Verhalten erst erlernen müsste.

Wie hilflos ist dagegen das neugeborene Menschenkind nicht nur in den ersten Tagen seines Lebens, sondern in den ersten Jahren.

Dass diese Hilflosigkeit kein Zufall ist, sondern durchaus zur menschlichen Veranlagung hinzugehört, zeigt sich vielleicht

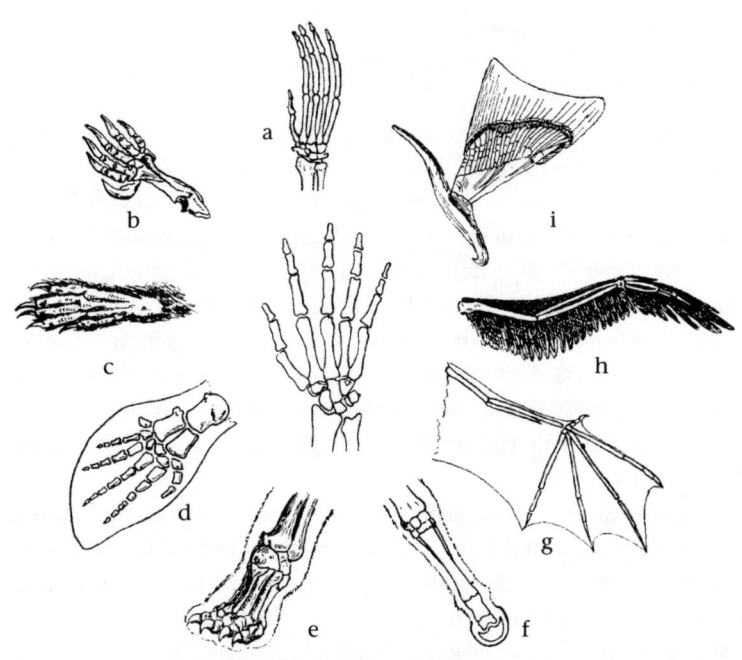

Vorderextremitäten von Wirbeltieren
Mitte: Mensch, a) Schimpanse, b) Maulwurf, c) Eichhörnchen,
d) Wal, e) Löwe, f) Pferd, g) Fledermaus, h) Vogel, i) Haifisch
(nach Friedrich Waaser)

am klarsten daran, dass auch das Kind zunächst in eine Art
»Verhaltensleib« hineingeboren wird. Nach der Geburt wird das
Vorhandensein bestimmter Reflexe überprüft: etwa des Klam-
mer- und des Saugreflexes. Beeindruckend ist insbesondere der
Schreitreflex. Das neugeborene Kind, in aufrechter Lage so
gehalten, dass seine Fußsohlen die Tischplatte berühren, macht
bereits in der ersten Lebensstunde koordinierte Schreitbewe-
gungen. Zu einer gesunden Entwicklung gehört aber notwendig
hinzu, dass sich diese angeborenen Verhaltensweisen recht bald
verlieren. Drückt man dem Kind einige Monate nach seiner
Geburt den Zeigefinger in die Handfläche, wird es sich nicht

mehr daran festklammern und hochziehen lassen. Bald wird es ohne Übung auch nicht mehr die Milch aus der Nuckelflasche herausbekommen. An die Stelle des angeborenen Verhaltens tritt etwas ganz anderes: das erlernte Tun. Zwar hat das Kind einen Leib für sein Erdenleben mitbekommen, der ihm gestattet, sich aufzurichten und über die Erde zu gehen; aber die leibliche Vorgabe reicht nicht aus, um diese Fähigkeiten auch ausüben zu können. Das Kind muss erst lernen, mit seinem Leib umzugehen, indem es anderen Menschen zuschaut. Kein Kind lernt stehen und gehen, obwohl sein Leib das erlauben würde, wenn es das nicht zuvor an einem anderen Menschen wahrgenommen hat. Was es mit seinem Leib macht, ist nicht instinktmäßig vorgegeben, sondern eine Sache des Lernens.

Der Leib des Tieres entspricht der vorbestimmten Art des Tieres, und das entsprechende Verhalten ist innig mit dieser Leibesgestalt verbunden, ist instinktmäßig abgesichert. Es ist mit seinem spezialisierten Leib bestens für seine ganz spezielle Lebensweise vorbereitet. Weil er in einen Leib hineingeboren ist, zu dem eine ganz bestimmte Art des Verhaltens unabtrennbar hinzugehört, braucht der Maulwurf nicht zu überlegen, nicht zu lernen, was er mit seinen Grabschaufeln machen soll; er gräbt eben. Auch der Delphin braucht sich nicht zu fragen, wozu ihm die Flossen nützen sollen. Die Leibesbildung entspricht ideal der damit verbundenen Verhaltensweise des Tieres.

Ganz entsprechend kommt andererseits der Menschenleib in seiner Ausgestaltung der Notwendigkeit des Lernenmüssens in besonderer Weise entgegen. Die Tatsache, dass der Mensch das Verhältnis zu seinem Leib frei bestimmen muss, ist leiblich ablesbar. Die Situation des Menschen ist nicht nur dadurch eine andere, dass mit seinem Leib kein entsprechendes Verhaltensmuster verbunden ist; er ist leiblich gewissermaßen auf einer embryonalen Stufe stehengeblieben. Sein Leib ist nicht so weitgehend ausgebildet wie derjenige anderer Tierarten. Deshalb muss und deshalb kann er selbst entscheiden, was er etwa mit seiner Hand tun will: graben oder backen oder beten.

Was an der Hand besonders deutlich abgelesen werden kann, gilt für den ganzen Leib und damit für die Beziehung, die der Mensch zu seinem Leib hat. Das Verhältnis, welches das Tierwesen zu seinem Leib eingeht, ist von Geburt an festgelegt. Der Mensch kann und muss seinen Leib frei ergreifen, tut er es nicht, ist er nicht lebensfähig.

Wir können also einen entscheidenden Unterschied zwischen Tier und Mensch festhalten: Die Ausgestaltung des tierischen Leibes entspricht in idealer Weise dem Verhalten des Tieres, das auch instinktmäßig weitgehend vorgegeben und festgelegt ist. Die Ausgestaltung des Menschenleibes erscheint dagegen wie auf embryonaler Stufe abgebrochen, gerade so, als wäre der Gestaltende sich seines Zieles noch nicht klar gewesen. Er wird dem Menschen zur Nutzung nach eigenem Belieben zur Verfügung gestellt.

So trägt der Menschenleib selbst das Merkmal des Freilassens an sich. In seiner Gestalt weist er über das Sinnliche hinaus auf ein freies, sich selbst bestimmendes, übersinnliches Wesen, durch das er erst zu einem sinnvollen Werkzeug wird.

Von Anfang an er selbst

Wir haben festgestellt, dass das Kind durch seinen Leib nicht in gleicher Weise wie das Tier von Geburt an in seinem Verhalten festgelegt ist. Das darf aber nicht so verstanden werden, als wollten wir sagen: Das Neugeborene sei so etwas wie ein ganz unbeschriebenes Blatt, aus dem jede denkbare Art von Mensch gemacht werden könnte.

Der Eindruck, den das kleine Kind, das da zu uns gekommen ist, erweckt, ist durchaus der eines ganz individuellen, unverwechselbaren Wesens. Bei aller Hilfsbedürftigkeit ist es von Anfang an

21

ganz es selbst. Wie es schläft, wie es trinkt, wie es schreit, wie es juchzt – für den Fremden mag das alles typisch säuglingshaft sein; für den, der das Kind näher kennt, ist es eindeutig und unverwechselbar Wesensäußerung dieses bestimmten Menschen.

So steht es ganz außer Zweifel, dass auch wir, als wir allmählich zu einem Bewusstsein von uns selbst erwacht sind, uns natürlich als jemanden ganz Bestimmten empfunden haben, und dies nicht nur in leiblicher Hinsicht. So sehr wir der waren, der da im Kreis seiner Familie wahrnehmbar heranwuchs, so sehr waren wir zugleich auch noch ein anderer: einer, den nur wir selbst kannten – oder erträumten –, der wir gern sein wollten. In allen kindlichen Missgeschicken oder Untaten haben wir stets säuberlich unterschieden zwischen dem, der die Fehler gemacht hat, und dem anderen, noch nicht Geborenen, von dem wir, mehr oder weniger deutlich, fühlten, dass ihm solche Missgeschicke nicht passieren würden. Mit der Einleitung »Wenn ich einmal groß bin« haben wir von ihm gelegentlich die wunderbarsten Dinge berichtet.

Woher wissen wir eigentlich so genau, wer wir sind und wer wir werden wollen, wenn dies leiblich nicht vorgegeben und erfahrbar ist? Die Sache ist ja einigermaßen kompliziert,
– wenn wir nicht bereits sind, der wir sind, und es auch durch äußere Faktoren – etwa, indem wir einen anderen nachahmen – nicht bestimmen lassen sollen;
– wenn wir andererseits aber nicht irgendeiner werden sollen, den wir uns erfinden, sondern genau der, der wir noch nicht sind, aber werden wollen.

Wir bemerken wiederum, jetzt in Bezug auf uns selbst: Den, der wir noch gar nicht sind, gibt es auf einer nicht sinnlich wahrnehmbaren Ebene bereits, und wir können seine Absichten und Ziele in vielfältiger Weise spüren. In unserem der Welt verborgenen Inneren äußert sich unser Menschenwesen z.B. als ein Befehlender, der sagt: »Tu dies! Lasse das!« Wir nennen ihn dann unser Gewissen.

22

Er lebt in uns aber auch als ein lebendiges Bild, eine Vorstellung, ein Ideal von dem, wie wir werden wollen. In der Jugend haben wir uns für unsere Ideale evtl. so sehr begeistert, dass wir sogar bereit waren, alle äußere Wirklichkeit dafür fahrenzulassen, weil wir fühlten: Alles Äußerliche muss sich dem Idealen unterordnen; nur darin findet es seine Daseinsberechtigung. So sehr spürten wir in solchen Zeiten die Wirklichkeit dieses Ideals, dass wir wohl mitunter ganz verzweifelt sein konnten darüber, dass nicht auch die Menschen um uns her es sahen wie wir, danach strebten und handelten. Die äußere Welt ist uns doch auch allen gemein, und wenn das Ideal auch nicht sinnlich wahrzunehmen ist, so hat es doch für unser Erleben das Objektive seiner Existenz mit der Sinneswelt gemeinsam.

Schließlich kennen wir auch noch die Erfahrung, dass wir etwas tun, weil wir – vielleicht sogar gegen alle Vernunft – einfach fühlen, dass es getan werden muss. Der, nach dem wir fragten, äußert sich in unserer Seele, in unserem Willen, in unserem Denken, in unserem Fühlen, und zwar nicht nur nebelhaft verschwommen, sondern mitunter sehr kräftig und eindeutig.

Den, der wir werden wollen, gibt es also durchaus bereits – übersinnlich und doch für jeden einzelnen im eigenen Inneren erfahrbar – als ein Zukunftswesen, als einen, der sein Werden erst noch sucht. Er muss sich aber nicht nur gegen das ihm äußerlich Vorgegebene behaupten, sondern er muss vor allem auch in den eigenen inneren Kräften so gestärkt werden, dass er zu sich selbst erwachen und Herrscher in seinem Leib werden kann.

Das aber ist die Frage nach den Eigenbildekräften der Seele und deren Stärkung. Wie ist es um diese Kräfte bestellt?

Die Seele – Ringen um die eigenen Fähigkeiten

Um das Menschenwesen selbst näher kennenlernen und charakterisieren zu können, müssen wir unser Augenmerk über die Anschauung des Leibes hinaus erheben und uns mit seinem Seelenwesen bekannt machen. Beim kleinen Kind steht dieses Wesen noch ganz im Hintergrund; es tritt erst in der Pubertät deutlicher in seiner Tätigkeit hervor. Weil aber der Grund dafür, dass der Umgang mit den eigenen Seelenkräften später gelingen kann, bereits in der Kindheit gelegt wird, soll auch in diesem Zusammenhang der Blick auf das Seelenwesen des Menschen gelenkt werden.

Machen wir uns recht deutlich, was damit gesagt ist, dass jeder Mensch ein Seelenwesen sei. Es bedeutet, dass jeder sich ganz individuell als eine Person erlebt, die ihr eigenes Innenleben hat. Leiblich sind wir Menschen uns über die ganze Welt hin sehr ähnlich, und wir sind mit unserem Leib auch alle Bürger dieser einen Welt. Seelisch dagegen ist jeder eine Welt für sich.

Und was für eine! Was ist die Seele doch für ein merkwürdiges Gebilde, das wir zwar als unsere eigene, private Welt empfinden, in die nur wir selbst Einblick haben und die auch nur uns etwas angeht, das aber aus Kräften besteht, die nicht einmal wir selbst völlig durchschauen, und das sich mitunter so heftig in seiner Widersprüchlichkeit auslebt und dabei Abgründe aufbrechen lässt, dass wir uns erschrecken und uns selbst fremd werden.

Im Gegensatz zu dem wunderbar gegliederten, geformten Menschenleib haben wir es in Bezug auf unser Seelenwesen mit einem fragwürdigen, unruhigen, ja mit einem unfertigen Gebilde zu tun. Mit der Frage nach der Menschenseele betreten wir ein Gebiet, auf dem wir immer wieder um unser eigenes Menschsein ringen müssen, um Herr der Kräfte zu werden, die es dort zu erringen gibt, und als derjenige in der Welt zu wirken, der wir selbst sein wollen. Das stand Goethe vor Augen, als er den Dr. Faust zu seinem Famulus Wagner die Worte sprechen ließ:

»Zwei Seelen wohnen, ach, in meiner Brust,
Die eine will sich von der andern trennen;
Die eine hält in derber Liebeslust
Sich an die Welt mit klammernden Organen,
Die andre hebt gewaltig sich vom Dust
Zu den Gefilden hoher Ahnen.«

Deutlich wird aus diesem Dichterwort die Tatsache, dass wir es in Bezug auf die menschliche Seele mit einem in sich selbst widersprüchlichen, sich fortwährend um- und neugestaltenden Wesen zu tun haben. Es tendiert nach zwei Seiten hin: zur Erde und zum Himmel. In diesem widersprüchlichen Sehnen der Seele spricht sich ihre doppelte Bindung aus: Nicht nur an den Leib, an die Erde ist sie gebunden, sondern auch an den Himmel.

Das Widersprüchliche der Seelenkräfte können wir schnell feststellen, ihre Äußerungen der Sympathie oder der Antipathie. Womit wir es in der Seele aber an konkreten Einzelheiten zu tun haben, entzieht sich weitgehend unserem klaren Einblick. Schauen wir in die Welt, zeigt sich uns auf einen Blick eine ganze Fülle von Eindrücken. Dies ist hier und jenes dort. Was sich im Grund unserer Seele verbirgt, lässt sich nicht ohne weiteres von uns wahrnehmen. Solange sich die Kräfte der Seele still verhalten, ahnen wir gar nicht, was alles in ihr schlummert.

Um leiblich Mensch zu werden, genügt es weitgehend, sich seines Leibes bewusst zu werden und ihn zu akzeptieren, so wie er nun einmal ist: mit weißer oder schwarzer Haut, blauen oder braunen Augen, kurzen oder langen Beinen. Wir können dieses Gebilde betrachten, erfreut oder verwundert, und sagen: Das bist du also. Abgesehen von den allmählichen Alterungserscheinungen wird dieser Leib von Tag zu Tag als derselbe zu erkennen sein.

Um seelisch Mensch zu werden, genügt es nicht, die Seele so hinzunehmen, wie sie ist. Wir müssen uns unsere Seelenfähigkeiten täglich neu zu eigen machen, sonst verdumpfen und versumpfen wir. Dazu aber müssen wir sie kennen und beherrschen lernen. Das Einüben des Umgangs mit den Kräften der eigenen Seele ist der entscheidende Teil jedes Menschwerdens, das uns täglich aufgegeben ist.

Es wird Ernst mit der Freiheit des Menschen

Die Aufgabe, sich auf seelischem Feld selbst zum Menschen zu gestalten, stellt sich erst in der Gegenwart mit vollem Ernst. Was der Seele an eigener Form fehlte, wurde bisher durch vorgeschriebene Verhaltensweisen ersetzt und der Seele von außen als eine gewisse verlässliche Form aufgeprägt. Nach dem individuellen Seelenanteil wurde noch nicht gefragt. Gewohnheiten, gute wie schlechte, von den Vätern übernommen, gaben der Seele den Eindruck von Sicherheit, ja von Behaglichkeit und Geborgenheit.

In unserer Zeit verliert die Kraft des Gewohnten, das unser Kulturkreis hervorgebracht hat, zusehends an Formkraft. Die Menschen schicken sich längst nicht mehr mit der früheren Selbstverständlichkeit in überkommene Lebensformen. Bisher selbstverständliche Verhaltensweisen werden entweder intellektuell oder auch durch Schicksalssituationen infrage gestellt.

Ein besonders sprechendes Beispiel: In Bezug auf unsere Leiblichkeit müssen wir eigentlich akzeptieren, dass wir als Frau oder als Mann geboren sind (wenn es interessanterweise auch auf diesem Feld heute Eingriffe gibt); unsere Entfaltungsmöglichkeiten in Bezug auf unsere Fähigkeiten lassen wir dadurch aber nicht mehr bestimmen. Wir sind nicht, wie unser Leib sagt, Frau oder Mann, sondern vor allem Menschen-Iche. Seelisch emanzipieren wir uns in unserem Jahrhundert von dem Gegensatz Männlich-Weiblich. Dabei ist es zunächst einerlei, ob das schon gelingt. Der Anspruch, sich im eigenen Menschsein nicht von den natürlichen Vorgaben bestimmen zu lassen, ist das Interessante.

Zahllose weitere Beispiele dafür, dass etwas kraftlos wird, das bisher mit Selbstverständlichkeit von außen die Seelen geprägt hat, könnten hier angeführt werden: die Zugehörigkeit zu einem bestimmten Volks- oder Sprachbereich, zu einem Stammeszusammenhang, zu einer bevorzugten oder benachteiligten sozialen Schicht der Bevölkerung u.a.

Mit der heute in großem Maß schwindenden Formkraft aber geht zugleich auch der Halt verloren, der den Seelen mit den Gewohnheiten gegeben war. Die Seelen machen sich frei, aber indem sie sich vor die Notwendigkeit gestellt sehen, selbst das zu finden, was an die Stelle des Früheren treten soll, werden sie zugleich haltlos.

Das können wir heute mit Händen greifen und erleben es ja in unseren eigenen Seelen dramatisch genug. Die Dunkelheitserfahrungen, die Einsamkeitserlebnisse, das Stehen vor dem eigenen inneren Chaos nehmen zu, lassen sich kaum noch vermeiden.

Die Psychoanalyse hat ein scharfes Augenmerk auf dasjenige gerichtet, was aus der Vergangenheit, aus dem Ererbten heraus die Seele fesselt, vorprägt in einer die eigene Persönlichkeit überwältigenden Weise, und sie hat das mit einigem Erfolg getan und tut es ja auch heute noch. Denn das Fesselnde, das wir erkannt haben, können wir auch ergreifen und versuchen, es abzustreifen. Dieser Ansatz genügt aber heute als Therapie nicht mehr.

Neben dieses mitunter detektivische Aufsuchen der Vergangenheitsfesseln muss immer stärker die Erkenntnis treten, dass die Seele ihre eigentliche Stärkung erst erfährt, wenn sie sich des Keimkräftigen, das sie selbst verborgen in sich trägt, bewusst wird und daraus zu leben und sich zu gestalten beginnt.

Da tritt nicht ein Zustand aus der Vergangenheit ins Bewusstsein, sondern ein Zustand aus der Zukunft, etwas, das erst als Möglichkeit, als Same, als Keim vorgegeben ist. »So könntest du nach den Veranlagungen deiner Seele sein.«

Neben Vergangenheitsbewältigung als Hilfe, die Seele von Fremdem zu befreien, muss heute immer stärker die Ermutigung zu der eigenen Zukunftsgestalt treten. Die Aufmerksamkeit muss sich nicht auf das Gewordene in der Seele, sondern auf das Keimkräftige in ihr lenken.

Die Innenwelt des kleinen Kindes

Im Selbstbestimmen und Selbstverwirklichen dessen, auf welche Weise wir Mensch sein wollen, liegt unsere entscheidend menschliche Veranlagung. Was wir sind, wenn wir geboren werden, durch unseren Leib, durch unsere Begabungen, durch unsere Umwelt und unseren sozialen Status, das sind wir unserem wahren Menschenwesen nach durchaus nicht. Wir sind vielmehr derjenige, der all das Vorgegebene ergreift, seine Kräfte daran misst und es im Sinne seiner selbst umgestaltet – wenn es uns gelingt, zu unseren eigenen Absichten und Zielen zu erwachen und die eigenen Seelenkräfte in der uns gemäßen Weise zu handhaben. Das müssen wir lernen. Solches Lernen stellt uns vor die Aufgabe, das eigene Innere zu erforschen.

Interessanterweise vollziehen die kleinen Kinder, wenn sich in ihnen der Menschwerdewillen regt, zunächst durchaus nicht diese Wendung nach innen, sondern sie suchen und finden die Anregungen für ihr eigenes Werden in der äußeren Welt.

Das macht uns auf eine Tatsache aufmerksam, über die wir uns als Erziehende klar sein müssen. Für die Kinder im ersten Lebensjahrsiebt, die ihre Vorbilder in der Außenwelt suchen, bereit, in jedem Wesen etwas Nachahmenswertes zu erkennen, gibt es die klare Grenze zwischen Außenwelt und Innenwelt noch nicht in der Weise, wie es für uns selbstverständlich ist. Das bedeutet aber nicht, dass sie noch keine »Innenwelt« hätten. Es bedeutet vielmehr, extrem gesprochen, dass ihre Innenwelt in die Außenwelt hineinragt. Die Außenwelt ist Teil der Innenwelt der kleinen Kinder. Was sich dort abspielt, hat unmittelbaren Zugang zu ihrem Seelengrund. Umgekehrt spiegeln sich Freude und Kummer eines Kindes in den ersten sieben Jahren ganz unverstellt in seinem Antlitz bis in die Außenwelt hinein. Ruhe in seiner Umgebung beruhigt die Seele des kleinen Kindes.

Entsprechend kennen die kleinen Kinder auch noch keine Grenze zwischen sichtbarer und unsichtbarer, zwischen materieller und geistiger Welt. Alles Materielle spricht ihnen selbstverständlich von einem darin wirkenden Geistigen.

Es ist gut, wenn der Erwachsene sich über diese Tatsache der kindlichen Konstitution im Klaren ist, bewegt er sich doch selbst in jener nach außen noch ganz offenen Innenwelt des Kindes – ob er es mag oder nicht –, und zwar als gleichsam göttliches Wesen.

Nach außen also schaut das Kind zunächst, um zu dem zu erwachen, was es als seinen eigenen Entschluss zum Menschwerden ins Leben mitgebracht hat. Und es wird ein menschliches Verhalten nur dann entwickeln, wenn es dies durch Nachahmung von einem anderen Menschen lernen kann. Zwar ist der menschliche Leib von Natur aus darauf angelegt, dass er als Werkzeug für das Handeln, Sprechen und Denken taugt. Kein Kind aber lernt tatsächlich sprechen, handeln und denken, wenn es nicht einen anderen Menschen in solcher Tätigkeit erlebt und sich dadurch zur entsprechenden Betätigung des eigenen Leibeswerkzeuges anregen lassen kann.

Wieso kann das kleine Kind mit Steinen und Blumen, Tieren und Sternen sprechen? Weil ihm Sprache keine Vermittlung von intellektuellen Inhalten allein ist, sondern Äußerung von lebendigen Wesen, und die kommt ihm aus allen Geschöpfen entgegen. So sieht das Kind in den ersten sieben Jahren in allem, was es wahrnimmt, Vorbilder, denen es nachstrebt: im Baum und im Hund so gut wie im Menschen, und sein schönstes Spiel ist es, so zu sein wie sie. »Jetzt gehen wir 'raus, und was wir dann sehen, das sind wir« – dieser Ausspruch eines Fünfjährigen charakterisiert das Verhalten deutlich.

Zugleich ist damit ein Problem angesprochen: das Problem, dass durchaus nicht alles, was in der Zivilisation als Bilder vor den Kindern auftaucht, tatsächlich ihr Menschwerden anregt. Die Errungenschaften, mit denen wir uns umgeben, haben oft einen ganz anderen Sinn, als Kindern als Vorbild für die Ausbildung ihres Eigenwillens zu dienen; sie tun es trotzdem. Das Kind in den ersten sieben Jahren wird den Straßenverkehr und die Kuh auf der

Weide gleichermaßen nachzuahmen versuchen. Alle Maschinen aber, die uns Erwachsenen die tägliche Arbeit erleichtern, sagen dem Kind untergründig, dass der Mensch überflüssig, die menschliche Fähigkeit nicht mehr gefragt ist. Wo die Maschine schafft, da braucht es den Menschen nicht mehr. Wo die Maschine zum Vorbild der kleinen Kinder wird, das sie mit größter Liebe und Treue nachzuahmen versuchen, da muss ein Großteil möglicher Fähigkeiten unentwickelt bleiben.

Ich möchte die technischen Errungenschaften nicht verteufeln. Im Haushalt etwa verdanken wir ihnen inzwischen unentbehrlich gewordene Hilfen. Doch ist damit auch ein Problem verbunden, das wir einfach kennen müssen: dass die Technik in die Erziehung der Kinder hineinwirkt. Ein Problem, das bemerkt worden ist, kann auch gelöst werden. Man wird dann etwa bewusst Betätigungsfelder für die kindlichen Schaffenskräfte suchen – und vielleicht selbst die Freude an der Handarbeit neu entdecken.

Der Umschwung mit der Schulreife

Mit der Schulreife bildet sich allmählich die schützende Haut für die eigene Innenwelt des Kindes heraus. Damit erlebt das Kind zugleich eine mitunter recht schmerzliche Trennung von der Welt, in der es bisher so selbstverständlich zu Hause gewesen war, deren Wesen zu ihm gesprochen hatten und die nun plötzlich für sein Wahrnehmen verstummen.

Die Abgrenzung der eigenen Innenwelt von der gemeinsamen Außenwelt schafft die Voraussetzung dafür, dass das Kind jetzt eingeschult werden kann. Die Seelenkräfte, die von der Einbindung in die äußere Welt frei werden, stehen nun für das innere Gestalten, für das Lernen zur Verfügung. Der Reichtum der eigenen Fähigkeiten kann ergründet und auf die Probe gestellt werden.

Wie sich die Innenwelt von der Außenwelt deutlich abgrenzt, grenzt sich auch die göttliche Welt immer mehr vom unmittelbaren

Erleben des Kindes ab. Damit gewinnt auch die religiöse Führung des Kindes im zweiten Lebensjahrsiebt eine neue Qualität.

Jetzt werden die Vorbilder weit gezielter gewählt: Nicht mehr die Wesen der Natur, sondern die Menschen werden nachgespielt, ohne dass allerdings ihr Verhalten schon bewusst beurteilt würde. Gut und böse gibt es als eigenen inneren Maßstab für das Kind zunächst noch nicht. Allmählich aber treten die mehr sinnlich wahrnehmbaren Qualitäten, die für das kleine Kind so sprechend waren, in ihrer Bedeutung immer mehr zurück, und das Interesse des Schulkindes wendet sich den Kräften zu, die im Verborgenen, im Seeleninnern wirken. Aus welcher inneren Haltung heraus der Erwachsene, den es sich zum Vorbild erkoren hat, handelt, sucht das Kind zu ergründen. Wie er sich verhält, ist es richtig, und so will es selbst sich einmal verhalten. Spielend übt es solches Verhalten mit großer Ausdauer schon einmal ein – und ermutigt sich selbst dadurch für den Augenblick im späteren Leben, wenn es das Vertrauen in die eigenen Fähigkeiten finden muss, etwa eine bestimmte Berufsausbildung erfolgreich durchlaufen zu können. Ohne ausdrücklich gelehrt werden zu müssen, werden in diesem Alter am Vorbild des Erwachsenen in der Seele des Kindes Fähigkeiten wie Wahrheitsliebe, Gerechtigkeitsempfinden, Gewissen geweckt und zu anfänglicher Entfaltung geführt.

Wir sollten bereit sein, uns gelegentlich selbst zu fragen: Was erleben die Kinder heute an uns Erwachsenen? Sind wir bereit, die Vorbildrolle für sie zu übernehmen? Oder sind wir zwar älter, aber noch gar nicht wirklich erwachsen geworden?

Spannend wird der Übergang um das 14. Lebensjahr. Nun entscheidet sich: Wird der Schritt fort von den äußeren Vorbildern zum eigenen inneren Quell der Selbstbestimmung gelingen? Sind die Kräfte im eigenen Inneren des Kindes genügend stark herangereift, und ist das Vertrauen in diese Kräfte genügend groß geworden, um sie zur Ausgestaltung der eigenen Persönlichkeit zu nutzen?

Jetzt müssen die bisher selbstverständlich akzeptierten Vorbilder zurücktreten, manchmal wohl gar zerbrochen werden, ein Prozess, der für Kinder und Eltern notwendig mit Schmerzen verbunden ist. Aber nur da, wo das Vorgegebene zerbrechen darf, kann sich aus dem eigenen Inneren heraus die Persönlichkeit in Freiheit gestalten. Dafür ist sie darauf angewiesen, dass ihr der entsprechende Freiraum gewährt wird.

Zwei junge Menschen erträumen sich selbst

Ein eindrucksvolles Zeugnis eines Menschwerdeschrittes »aus dem eigenen Inneren heraus« soll diesen grundlegenden Teil der Betrachtung abschließen. Er findet sich in der Autobiografie von Marcel Reich-Ranicki:

»Bald begann eine Freundschaft, die, ohne mich zu erregen oder zu verwirren, für mich wichtig wurde ... Angelika ... war fünfzehn oder sechzehn Jahre alt, interessierte sich für Literatur und Theater und hatte auch selber schon einiges geschrieben, was sogar gedruckt worden war – in der ›Jüdischen Rundschau‹ ...

Von Zeit zu Zeit trafen wir uns im Stadtpark Schöneberg, wir unterhielten uns lange über die Dramen Schillers und Kleists, über die Angelika ganz gut Bescheid wusste. Dann führte ich sie in das Werk Shakespeares ein, was mir viel Spaß bereitete ... Was uns zusammengeführt hatte, war nicht nur die Liebe zur Literatur, es war auch die Ähnlichkeit unserer Situation. Befragt, wie sie sich denn ihre Zukunft vorstelle, zögerte sie mit der Antwort keinen Augenblick: Sie wolle eine Theaterschule besuchen und Schauspielerin werden. Auch ich konnte mit einer klaren, einer entschiedenen Antwort dienen: Germanistik wolle ich studieren und Kritiker werden.

Wir wussten beide, dass unsere Pläne weltfremd waren, dass es sich um absurde Träumereien handelte. Wir lebten ja mitten im ›Dritten Reich‹, wo Juden nicht studieren durften und überhaupt keine beruflichen Chancen hatten. Aber schwärmen und phantasieren konnten wir sehr wohl: Sie sprach von den Rollen, die sie spielen, ich von den Dichtern, über die ich schreiben wollte ...

Bald brach der Krieg aus und der Kontakt mit ihr, mit Angelika Hurwicz brach ab.«

Ideale, d.h. innere Bilder, sind aufgeleuchtet und haben ihre Eigenständigkeit gegenüber der äußeren Situation klar gezeigt, können aber auch vorerst nichts bewirken. Sie bleiben Schwärmerei, Phantasterei, und auch diejenigen, die so geträumt, geschwärmt haben, bleiben – zunächst – dieselben, die sie gewesen sind. Doch haben sie an eine Schicht gerührt, aus der heraus es möglich sein wird, sich einmal von dem, was von außen prägen will, abzusetzen und von innen her das eigene Leben und Tun zu bestimmen.

Im Leben jener beiden Menschen ist die jugendliche Schwärmerei nicht sang- und klanglos erstorben, sondern hat untergründig sehr entscheidend weitergewirkt. Reich-Ranicki schreibt darüber:

»Im Dezember 1952 gastierte Brechts Theater, das ›Berliner Ensemble‹, in Warschau mit drei Stücken, darunter war auch die ›Mutter Courage‹ – mit Helene Weigel und Angelika Hurwicz in den Hauptrollen. Aus diesem Anlass fand in der Botschaft der DDR ein Empfang statt. Geladen waren vor allem Kritiker: Man wollte ihnen die Gelegenheit geben, mit den Hauptdarstellern zu sprechen. Ich stand in einem nahezu leeren Raum, in dem mich vor allem der Bücherschrank interessierte. Lange konnte ich mich mit den überraschend sauberen Bänden nicht beschäftigen, denn ins Zimmer kam Angelika Hurwicz, geführt von einem der Warschauer DDR-Diplomaten. Er fragte artig: ›Darf ich vorstellen?‹ Beide, sie und ich, sagten wir gleichzeitig: ›Ist nicht nötig.‹ Wir haben dann miteinander geredet – ein wenig gleich in der Botschaft, erheblich mehr in den nächsten Tagen.

Wir gingen spazieren, wie einst in Berlin. Die Fremdheit, die ich befürchtete, war nicht zu spüren. Sie erzählte mir, wie es ihr ergangen war, wie sie es geschafft hatte, nicht vergast zu werden: Bei einer sudetendeutschen Wanderschmiere, einem kleinen Familienunternehmen alten Stils, war sie engagiert gewesen. Als

33

Schauspielerin? Ja, das schon – und sie hatte unentwegt neue Rollen zu lernen. Doch zugleich musste sie tun, was eben nötig war: soufflieren, Kulissen schieben, den Vorhang ziehen, an der Kasse sitzen und ähnliches … Dann hatte ich zu berichten, was mit mir in diesen Jahren geschehen war. Plötzlich schaute Angelika Hurwicz mich ein wenig verwirrt an, als sei ihr etwas peinlich: ›Entschuldige‹ – sagte sie –, ›ich weiß ja gar nicht, was du machst. Was hast du denn für einen Beruf?‹ Ich antwortete knapp: ›Nun ja, ich bin Kritiker geworden, ich schreibe über deutsche Literatur.‹

Sie schwieg, und ich wusste nicht recht, wie ich dieses Schweigen verstehen sollte. Erst nach einer Weile begann sie langsam und nachdenklich zu reden: ›Mitten im Dritten Reich haben wir, zwei halbwüchsige Juden in einer verzweifelten, einer hoffnungslosen Situation, von einer Zukunft gesprochen, an die wir keinen Augenblick ernsthaft glauben konnten. Wie sollte denn damals eine Jüdin Schauspielerin und ein Jude Kritiker werden? Aber diesen Luxus haben wir uns doch geleistet – von einem Leben mit dem Theater und mit der Literatur zu träumen. Unsere Träume waren es wohl, die uns damals verbündet haben. Und es ist kaum zu fassen: Unsere Träume haben sich tatsächlich erfüllt.‹«

Der Bericht von Marcel Reich-Ranicki macht eindrucksvoll deutlich, was zwei Menschen ihren Jugendträumen verdanken: In ihnen konnten sie den Grund für ihr zukünftiges Werden legen. Sie haben die in ihren eigenen Seelen schlummernden Fähigkeiten belebt und bekräftigt, bis sie endlich den Mut und die Möglichkeit fanden, ihr zukünftiges Leben darauf zu bauen. So sind sie ihrer Abstammung nach nicht Kinder ihrer Eltern oder ihres Volkes geblieben, sondern Herkömmlinge ihrer eigenen Jugendträume, d.h. aber ihrer eigenen Ideale geworden. Sie haben einen Schatz gesucht und ihn in ihrem Inneren gefunden. Sie haben ihm über jedes äußerlich sinnvoll erscheinende Maß hinaus vertraut, darauf ihr eigenes Leben gebaut und ihre Persönlichkeiten ausgestaltet.

Erzähl mir, wer ich bin!

Die Märchen – zweihundert Jahre und kein bisschen alt

Wie kann man erziehen, ohne dem Kind Fremdes aufzuprägen? Man muss das Eigene in ihm wecken und stärken. Dazu sind die Märchen, welche Jacob und Wilhelm Grimm gesammelt haben, ein außerordentlich geeignetes Mittel.

Bemerkenswert ist schon die Tatsache, dass die Märchen der Brüder Grimm, 1812 zum ersten Mal aufgelegt, es geschafft haben, fast zweihundert Jahre lang das Interesse eines weiten Lesepublikums zu finden und heute die meistverbreitete deutsche Literatur sind. Dabei haben sie durchaus nicht von vornherein auf die Wertschätzung der Leser rechnen können und sind immer wieder heftig in Verruf geraten. Als »Haus- und Ammenmärchen« hat das Bürgertum ihnen anfänglich ablehnend gegenübergestanden. Man wollte Aufklärung, keine Mystifizierungen.

Erst gegen Ende des 19. Jahrhunderts erfuhren die Märchen der Brüder Grimm eine höhere Wertschätzung. Jetzt wurden sie zur »Kinderliteratur« – weil man meinte, entdeckt zu haben, dass sie sich gerade für die Erziehung des deutschen Kindes bestens empfahlen. Die Märchen sollten den Kindern die deutschen Tugenden besonders eindrucksvoll vermitteln. – Die Märchen haben diese deutschtümelnde Annäherung überstanden.

Weitere Angriffe sind nicht ausgeblieben. In den 60er Jahren gerieten die Märchen in die Schusslinie der antiautoritären Erziehung. Sie wurden beschuldigt, »das kindliche Bewusstsein mit fatalen weltanschaulichen Strukturen zu präformieren«. Es hieß, sie würden ein Standesdenken tradieren, das längst über Bord geworfen worden wäre. So wurden sie aufs Neue verfemt. Auch die Schilderungen der bösen Gestalten und der drastischen Strafen wurden als nicht kindgemäß abgelehnt. In den 70er Jahren konnte der amerikanische Pädagoge Bruno Bettelheim sie mit seinem Plädoyer »Kinder brauchen Märchen« eindrucksvoll rehabilitieren.

Heute sind die Märchen nicht nur als Kindererzählungen akzeptiert, sondern sie spielen auch in der Therapie und sogar bei der Managerschulung eine Rolle.

Diese Akzeptanz ist auch deshalb bemerkenswert, weil es sich bei den Märchen um Erzählungen handelt, die den Ansprüchen, welche von wissenschaftlicher Seite heute an die Kinderliteratur gestellt werden, ganz und gar nicht genügen. Die Sehnsucht der Kinder geht offenbar in eine ganz andere Richtung als die Meinung der Wissenschaftler.

Ein kinderliteraturwissenschaftlicher Seitenblick

Eine solche Wissenschaft der Kinderliteratur gibt es erst seit Mitte des 20. Jahrhunderts. Als man Kinderbücher früherer Zeiten erforschte, um sich ein Bild davon zu verschaffen, wie Kindheit sich damals abgespielt hat, bemerkte man bald, dass die Literatur dafür ein schlechter Spiegel ist. Sie zeigt nicht die Wirklichkeit, sondern einen »Kindheitsmythos«.

Das sollte sich fortan ändern. Die Gesichtspunkte der »neuen« Kinderliteratur werden von Hans-Heino Ewers in einem Beitrag »Die Kinderliteratur der Gegenwart als Spiegel veränderter kindlicher Lebenswelten« ausführlich dargestellt. (Sein folgendes langes Zitat soll deutlich machen, von welchem ganz anderen Ansatz als dem, was heute wissenschaftlich befördert wird, die Märchen ausgehen. Wen diese Fragestellung nicht interessiert, der kann es getrost überblättern.)

In seinem Aufsatz heißt es, die Kinderliteratur habe es sich in den 60er Jahren zur Aufgabe gestellt, »Einsichten in die Konflikte, Strukturen und Verharschungen des gegenwärtigen Gesellschaftssystems zu vermitteln. Sie handelt von Kapitalisten und

Lohnarbeitern, von Spekulanten, Vermietern und Mietern, vom Staatsapparat und den Bürgern als den zentralen antagonistischen Kräften der Gesellschaft.

Doch recht bald wird der neuen Kinderliteratur gewahr, dass das Aufklärungsbedürfnis der Kinder sich in erster Linie auf Probleme und Strukturen der eigenen Lebenswelt bezieht.

Was Kinder beschäftigt, das sind die Spannungen innerhalb der Familie, die bedrückende Schulsituation, die eingeschränkten Spielmöglichkeiten im Stadtviertel, die Konflikte innerhalb der peer group, die Streitereien zwischen Mädchen und Jungen, zwischen deutschen und ausländischen Kindern. Mit der Abwendung von der allgemeinen Gesellschaftskunde in literarischer Einkleidung und der Hinwendung zum Alltag der Kinder mit seinen auf den ersten Blick noch so unscheinbaren Nöten und Sorgen hat sich die ›neue‹ Kinderliteratur der 70er Jahre zu einem vorzüglichen Organ der Exploration realer kindlicher Lebensverhältnisse entwickelt.«

Ende der 70er Jahre wird ein weiteres wichtiges Feld für die Thematisierung innerhalb des Kinderbuches entdeckt.

»Neben die soziale Erkundung kindlicher Lebenswelten ist ... die Einfühlung in die kindliche Psyche getreten, neben die Rolle der sozialen BeobachterIn diejenige der DeuterIn des kindlichen Seelenlebens.

Man hat in der Wendung des Blicks nach Innen eine Abkehr von der neuen Kinderliteratur, einen Bruch mit der Kinderliteraturreform der Endsechziger sehen wollen. Dem steht entgegen, dass die Kinderliteratur mit dem Ende der siebziger Jahre keineswegs das Geschäft der sozialen Erkundung der fortlaufend sich wandelnden kindlichen Lebenswelten aufgegeben hat ...

Statt von einer Abkehr wäre ganz im Gegenteil von einer hier erst erlangten Vollform der neuen Kinderliteratur zu sprechen. Erst mit Hinzutreten des psychologischen Realismus, mit Hinzugewinnung der literarischen Seelendeutungskunst erhält die neue Kinderliteratur ihre einmalige Bedeutung als Spiegelung aktueller Kindheit ...

Man darf wohl mit Blick auf die jüngste Kinderliteratur-
entwicklung als ganzer von einer Lockerung der strengen kinder-
literarischen Grundsätze der 70er und frühen 80er Jahre sprechen
– eine zugegebenermaßen zweischneidige Angelegenheit! Von
einer eher problematischen Konsequenz dieser Lockerung war
soeben die Rede: es ist die allzu unbedachte Rückkehr zu den hei-
len Kinderbuchwelten der 50er und 60er Jahre, wie sie besonders
(aber nicht ausschließlich) bei der jungen AutorInnengeneration
anzutreffen ist. Die hier angesprochene Lockerung hat aber auch
etwas Befreiendes an sich: Für die 70er und frühen 80er Jahre
waren zweifelsohne eine Bevorzugung, wenn nicht gar Verabsolu-
tierung ernster, problembeladener Kinderliteratur charakte-
ristisch, wobei heitere bzw. komische Formen verdächtigt und an
den Rand gedrängt wurden ...«

Märchenstil – was ist das?

Um »eine Kinderliteratur, die die Veränderungen von Kindheit
reflektieren will«, handelt es sich bei den Märchen ganz gewiss
nicht, aber auch nicht um den Spiegel einer Kindheit früherer Zeiten mit ihren spezifischen Problemen. Thematisch unterscheiden
sich die Märchen also grundlegend von dem, was Kinderliteratur
heute ansprechen soll. Wovon berichten die Märchen denn?

Aber die Unterschiede sind nicht nur inhaltlicher Art. Die Märchen bedienen sich auch einer ganz anderen Ausdrucksweise als
alle anderen Kindererzählungen. Vielsagend ist allerdings, dass
das Besondere des Märchenstils trotz des großen Bekanntheits-
grades der Märchen dem Zuhörer kaum bewusst wird.

Im Folgenden soll zunächst das Besondere des Märchenstils
deutlich gemacht werden.

Es gibt da ein Märchen, das folgendermaßen beginnt:

»Es war einmal eine kleine süße Dirne, die hatte jedermann
lieb, der sie nur ansah, am allerliebsten aber ihre Großmutter,

die wusste gar nicht, was sie alles dem Kinde geben sollte. Einmal schenkte sie ihm ein Käppchen von rotem Samt, und weil ihm das so wohl stand und es nichts anderes mehr tragen wollte, hieß es nur das Rotkäppchen...«

Ein anderes Märchen beginnt so:

»Hans hatte sieben Jahre bei seinem Herrn gedient, da sprach er zu ihm: ›Herr, meine Zeit ist herum, nun wollte ich gerne wieder heim zu meiner Mutter, gebt mir meinen Lohn.‹ Der Herr antwortete ...«.

Ein drittes:

»Es war einmal ein Königssohn, dem gefiel's nicht mehr daheim in seines Vaters Haus, und weil er vor nichts Furcht hatte, so dachte er: ›Ich will in die weite Welt gehen, da wird mir Zeit und Weile nicht lang ...‹«.

Das hat nichts Überraschendes an sich, ist uns zum Teil aus der Kindheit gut vertraut, so gut, dass wir gar nicht merken, was die Märchen da mit uns machen. Wenn wir sie aber damit vergleichen, wie uns in anderen Kindergeschichten die Helden der Erzählung bekannt gemacht werden, fällt uns das Besondere des Märchenstils sofort auf.

In »Pippi Langstrumpf« etwa können wir lesen:

»... da wurde die Gartentür zur Villa Kunterbunt geöffnet, und ein kleines Mädchen kam heraus. Das war das merkwürdigste Mädchen, das Thomas und Annika je gesehen hatten, und es war Pippi Langstrumpf, die zu ihrem Morgenspaziergang herauskam. Sie sah so aus: Ihr Haar hatte dieselbe Farbe wie eine Möhre und war in zwei feste Zöpfe geflochten, die vom Kopf abstanden. Ihre Nase hatte dieselbe Form wie eine ganz kleine Kartoffel und war völlig mit Sommersprossen übersät. Unter der Nase saß ein wirklich riesig breiter Mund mit gesunden weißen Zähnen. Ihr Kleid war sehr komisch. Pippi hatte es selbst genäht. Es war wunderschön gelb; aber weil der Stoff nicht gereicht hatte, war es zu kurz, und so guckte eine blaue Hose mit weißen Punkten darunter hervor. An ihren langen dünnen Beinen hatte sie ein Paar lange

Strümpfe, einen geringelten und einen schwarzen. Und dann hatte sie ein Paar schwarze Schuhe, die genau doppelt so groß waren wie ihre Füße. Die Schuhe hatte ihr Vater in Südamerika gekauft, damit sie etwas hätte, in das sie hineinwachsen könnte, und Pippi wollte niemals andere haben.«

Wenn wir uns auf die Beschreibung, die Astrid Lindgren uns gibt, einlassen, können wir Pippi Langstrumpf ziemlich deutlich vor uns sehen: Haare in der Farbe der Möhre, zu zwei Zöpfen geflochten, kleine Kartoffelnase mit Sommersprossen ...

Märchenstil dagegen ist es, dass hier die Helden gerade nicht beschrieben werden. Vom Rotkäppchen erfahren wir immerhin, dass es eine »süße Dirne« ist und von seiner Großmutter ein Käppchen von rotem Samt geschenkt bekommen hat. Von Hans wird uns nur der Name verraten; über sein Alter, seinen Herrn und die von ihm so treu geleistete Arbeit schweigt sich das Märchen aus. Vom Königssohn, der sich vor nichts fürchtete, nennt es uns nicht einmal den Namen.

Diese Zurückhaltung ist Methode. In den Märchen fehlen weitgehend die Anhaltspunkte, die uns gestatteten, uns die Gestalten äußerlich vorzustellen.

Dennoch werden die Märchen von uns nicht als blass und langweilig empfunden. Den meisten Märchenhörern fällt es nicht einmal auf, wie kärglich sie im Grunde mit äußeren Hinweisen versorgt werden.

Woher aber nehmen die Märchen ihr Leben, wenn sie sich aller äußeren Wahrnehmungsmöglichkeit so konsequent entziehen? Auf welche Weise werden die Märchen»bilder« wirksam?

Wie die Märchen die Schatzkammer der Seele öffnen

Man könnte vermuten, dass wir im Zuhören innerlich begännen, uns Bilder zu malen, und das, was die Märchen uns verheimlichen, auf diese Weise selbst hinzufügten. Dazu lässt uns das Märchenhören aber gar keine Zeit. Etwas ganz anderes geschieht: Wir schlüpfen selbst in die Rolle der Personen, von denen da die Rede ist.

Wenn mir über eine mir fremde Person berichtet wird, sind mir Hinweise auf ihre äußere Erscheinung hilfreich, damit ich sie mir vorstellen kann. Bei Bekannten genügt es, wenn mir einfach der Name genannt wird. Wenn aber gar von mir selbst die Rede ist, würde es mich sehr merkwürdig anmuten, wenn mir zu meinem eigenen Namen hinzu noch Einzelheiten meiner äußeren Erscheinung aufgezählt würden.

Beim Märchenhören geht es uns so, wie es uns ergeht, wenn wir unseren eigenen Namen hören. Wir identifizieren uns selbst mit den genannten Personen, kennen sie von innen her. Weil wir selbst in ihre Rolle schlüpfen, brauchen wir nicht nach irgendwelchen Äußerlichkeiten zu fragen. Wir hören etwa das Wort Rotkäppchen wie unseren eigenen Namen, und gerade weil uns das Märchen nicht durch eine Beschreibung der äußeren Erscheinung dazu verleitet, zu Zuschauern zu werden, können wir für die Zeit des Märchenhörens das Rotkäppchen sein, aber auch der Wolf, die Großmutter und alle anderen.

Märchen sind für uns im Zuhören also in erster Linie keine inneren Bilderfolgen, sie sind natürlich auch nicht einfach Information über ein bestimmtes Geschehen, sie sind aber auch keine symbolischen Darstellungen, deren Sinngehalt man erst in abstrakte Begriffe übersetzen müsste, um sie verstehen zu können. Sie sind etwas ganz anderes.

Märchen sind Erfahrungsräume. Indem sie durchgängig vermeiden, dass der Zuhörende den Standpunkt eines Zuschauers einnimmt, ermöglichen sie ihm, sich in vielfältigster Weise selbst zu erfahren: als das Rotkäppchen, als Hans im Glück und als der Königssohn, der sich vor nichts fürchtete. Gerade weil diese äußerlich nicht beschrieben, sondern nur genannt werden, kann er mit ihnen eins werden.

Indem der Zuhörer das mit sich geschehen lässt, erfährt er, dass er in seiner eigenen Seele das Zeug dazu hat, ein Rotkäppchen oder ein Königssohn zu sein. Nichts Neues, gar Wesensfremdes tragen die Märchen an ihn heran, sondern sie lassen ihn für sein Eigenstes erwachen, für das, was in seiner Seele als Möglichkeit veranlagt ist.

Über diese Tatsache sollten wir ruhig einmal staunen. Denn: Wie kommen diese »Bilder« in die Seele des Menschen mit solcher Zuverlässigkeit hinein, dass man beim Erzählen getrost auf ihr Vorhandensein bauen kann? Ich habe in meinem Leben oft Gelegenheit gehabt, Märchen zu erzählen, Märchen der Völker und eigene, aber ich habe nie erlebt, dass ein Kind gefragt hätte: »Was ist ein Königssohn?« oder: »Was ist ein Jäger?«

Dabei sind selbst die Personen, die die bekannten Märchen der Brüder Grimm bevölkern – und das sind weit seltener Königstöchter und Prinzen als vielmehr die verschiedensten Handwerker –, im Lebensumkreis eines heutigen Stadtkindes nicht mehr anzutreffen. Dennoch scheinen diese Gestalten den Kindern durchaus nicht unbekannt zu sein. Im Gegenteil. Sie sind ihnen sogar überraschend vertraut.

So ist es mir geschehen, dass meine eigenen Kinder, als ich ihnen in der Zeitung das Bild von Prince Charles zeigte und sagte: »Seht, das ist ein heutiger Königssohn«, zwar interessiert das Foto studierten, letztlich aber doch nur die Köpfe schüttelten und weise feststellten: »Nein, Papa, das ist gar kein Königssohn.« Sie wussten es besser als ich – und besser als die äußere Wirklichkeit.

Woher haben die Kinder diese Gewissheit?

Von welchen Geschehnissen die Märchen berichten

Dass die Kinder an den Märchen ihre besondere Freude haben, wird deutlich, wenn sie am Ende des Märchens »Noch einmal!«

betteln. Sie möchten das eben Gehörte, und zwar jetzt gleich, noch einmal hören. Die Informationen, die ihnen das Märchen liefern kann, haben sie aufgenommen; aber darum geht es ihnen gar nicht. Sie suchen nach etwas ganz anderem.

Damit kommen wir zurück zu der Frage, von welchen Geschehnissen die Märchen eigentlich berichten.

Das konnte ich einmal deutlich sehen, als ich bei einem Kinderferienlager in Südafrika im Abendkreis»Das tapfere Schneiderlein« erzählte. Während des Erzählens bemerkte ich plötzlich, dass der, von dem ich das berichtete, persönlich anwesend war. Mit gekreuzten Beinen saß mir das tapfere Schneiderlein leibhaftig gegenüber, völlig in dem Geschehen aufgehend und es ganz intensiv durchlebend, während es mir mit großen Ohren lauschte. Bisher hatte ich es als einen der neunjährigen Buben gekannt, die an dem Ferienlager teilnahmen. In diesem Augenblick des Märchenhörens aber war seine Identität mit dem tapferen Schneiderlein unverkennbar.

Unverkennbar war aber auch, wovon das Märchen berichtete: von einem Geschehen, dass nicht irgendein Schneiderlein irgendwo auf der Welt vor hundert Jahren einmal durchlebt haben mochte, sondern von dem, was dieser lauschende Junge in dem Augenblick durchmachte, während er mit großer Aufmerksamkeit zuhörte. Das Ereignis, von dem das Märchen berichtete, war im Augenblick des Erzählens das innere Erleben jenes Kindes.

Weil sie noch einmal erleben wollen, wovon das Märchen erzählt, möchten die Kinder das Märchen – und am liebsten gleich – noch einmal hören. Sie wollen noch einmal die inneren Erfahrungen machen, die das Märchen in ihnen weckt, die Erfahrung ihrer eigenen Seelenfähigkeiten.

Weil es beim Märchenhören gar nicht um Information im üblichen Sinne geht, sondern um das, was im Zuhören in der eigenen Seele erwacht und erlebt werden kann, sollte man, wenn man zum Erzählen ansetzt, das gelegentliche»Kenne ich schon« der älteren Kinder nicht als wirklich ernst gemeinte Ablehnung deuten.

Das ist eine Haltung, die die Kinder den Erwachsenen abschauen, welche nur nach Information, nicht nach Erlebnis fragen. Meiner Erfahrung nach lassen es sich die Kinder im Allgemeinen gern gefallen, wenn man ihre Bemerkung als Äußerung ihrer Freude auf die Begegnung mit etwas sehr Schönem, das man schon kennt, versteht. Natürlich habe auch ich das Maulen vor dem Erzählen erfahren: »Och Märchen, uninteressant!« Wenn ich aber erst mit dem Erzählen begonnen hatte, ist das Erlebnis auch für die vorher protestierenden Kinder eingetreten.

(Erst in den letzten Jahren habe ich erlebt, dass ein Kind, nachdem ich begonnen hatte zu erzählen, aufgestanden und aus dem Kreis hinausgegangen ist. Es konnte meine Worte nicht mehr verstehen, und so konnte die Geschichte kein inneres Erlebnis in ihm wecken. Diese Schwierigkeit nimmt heute zu.)

Das zuhörende Kind versteht, dass von ihm selbst die Rede ist, und wird für den Augenblick des Erzählens zum Rotkäppchen, zur Großmutter, zum Wolf. Es betrachtet sie aber nicht wie Gestalten, sondern schlüpft in sie hinein und macht ihre vom Märchen angesprochenen Erfahrungen in der ihnen entsprechenden Weise in seiner eigenen Seele durch, indem es dazu die in ihm schlummernden Menschenmöglichkeiten wachruft. Was das Rotkäppchen erlebt – seine Leichtfertigkeit in der Begegnung mit dem Wolf, sein Unvermögen, zu erkennen, mit welcher Kraft man es da zu tun hat, so dass es ihr letztlich verfallen müsste, würde nicht der Jäger eingreifen –, all das wird das eigene Erlebnis des zuhörenden Kindes. Zugleich vergewissert es sich dabei der Seelenkraft »Rotkäppchen« in der eigenen Seele. Daneben wird aber auch das, was die Großmutter erleidet, sein eigenes Leid, und auch das Verhalten des Wolfes ist im Augenblick des Zuhörens sein persönliches Verhalten – und macht ihn mit der Tatsache vertraut, dass in der eigenen Seele auch Wölfisches haust.

Das Märchen erschließt dem Zuhörer diese Erfahrungen, indem es ihn mit Märchennamen ruft. Es ist der Zauberschlüssel, der die Schatzkammer der Seele für sein Erleben öffnet und es sein

Eigenstes lebhaft erfahren lässt. Denn die Zuhörer erleben durchaus nicht alle ein und dasselbe, sondern die Königin, das Rotkäppchen, der Jäger oder Wolf, von denen das Märchen spricht, werden für den einzelnen jeweils so lebendig, wie eben das Königliche, Rotkäppchenhafte oder Wölfische in ihm veranlagt ist, und das ist es in dem einen mehr, im anderen weniger.

Das Märchen macht uns als Zuhörende bekannt mit dem Königlichen in den Gründen unseres eigenen Wesens ebenso wie mit dem tierisch Ungezähmten, dem Hexenhaften, dem Helden wie dem Dummling, all dem, was uns an Seelenkräften mitgegeben ist und uns für unser eigenes Wirken zur Verfügung stehen kann, wenn wir verstehen, es im rechten Augenblick zu erwecken und zu handhaben, d.h. wenn wir zur eigenen Fähigkeit ausbilden, in der Art und Weise dieser inneren Persönlichkeiten zu handeln bzw. ihr Tätigwerden zu bezwingen.

Wenn das Märchen dann vorüber ist, fallen diese Erfahrungen zwar wieder in Schlummer; wer sie aber wiederholt erlebt hat – »Wenn sie nicht gestorben sind ...« –, kann sich in seinem Werden gewissermaßen auf die Persönlichkeiten in seiner eigenen Seele berufen und damit in seiner Biografie gestalten. Das wird heute z.T. auch therapeutisch dort angewandt, wo eine Stärkung der eigenen Persönlichkeitskräfte Not tut.

Im Weiteren soll an einigen Beispielen gezeigt werden, wie exakt die einzelnen Märchen jeweils auf konkrete Seelenerfahrungen eingehen und wie sie, bei ähnlichem Stil, ganz unterschiedlich die thematischen Schwerpunkte setzen. In ihrer Gesamtheit loten die Märchen die Tiefen der Menschenseele aus, sodass eigentlich kaum eine Lebensfrage zu denken ist, zu der sie nicht auf ihre freilassende Weise einen Erfahrungsraum erschließen würden. Die Seelenkunde der mitunter so einfältig erscheinenden Märchen ist dabei stets beachtlich und lässt den Weisheitsquell ahnen, aus dem sie stammen.

Auf einem ganz anderen Gebiet ist die Aufmerksamkeit auf den Seelenreichtum, von dem die Märchen sprechen, gelenkt worden, als vor einigen Jahren eine bis dahin nicht bekannte Krankheit beschrieben wurde: die Multiphrenie. Die Erkrankten werden kurz als Multiple bezeichnet. Dahinter verbirgt sich die Aufsplitterung der Seele in zahlreiche, voneinander weitgehend unabhängig agierende »Personen«. In dem Buch »Die 147 Personen, die ich bin« beschreibt Liz Bijnsdorp die Erfahrung mit diesem Zustand und ihr Bemühen, Herr in der eigenen Seele zu werden. Von der Seite des Krankheitsgeschehens werden wir da auf die Schatzkammer aufmerksam gemacht, nur ist sie jetzt zur Räuberhöhle verkommen, aus der das Ich nicht seine Diener hervorruft, sondern aus der die einzelnen Personen ungerufen und unbeherrschbar hervortreten, wann die Situation ihnen dazu günstig erscheint.

Eine Welt, die auch unserem Erleben offen steht

Nun weckt das Märchen nicht nur unsere Erfahrung der verschiedenen Möglichkeiten des Menschseins, die in unserer Seele nicht etwa nur als Ideen, als mehr oder weniger blasse Vorstellungen ruhen, sondern als mitunter sehr dynamische Entfaltungskräfte auf Betätigung hoffen; es öffnet unser Erleben zugleich dafür, dass wir neben der äußeren noch in einer ganz anders gearteten Welt darinstehen. Wir stehen sogar mit einer erstaunlichen Selbstverständlichkeit darin, obwohl uns dies oft kaum bewusst ist, weil wir keinen Anlass haben, auf ihr Vorhandensein zu achten. Auch diese Tatsache, die sich unserem tagwachen Erleben weitgehend entzieht, kann uns durch das Märchenhören deutlich werden.

Um diese angesprochene Erfahrung zu demonstrieren, habe ich in Kursen gern den Anfang des »Sneewittchen« vorgetragen:

»Es war einmal mitten im Winter und die Schneeflocken fielen wie Federn vom Himmel herab, da saß eine Königin an einem Fenster, das einen Rahmen aus schwarzem Ebenholz hatte, und nähte. Und wie sie so nähte und nach dem Schnee aufblickte, stach sie sich mit der Nadel in den Finger, und es fielen drei Tropfen Blut in den Schnee. Und weil das Rote im weißen Schnee so schön aussah, dachte sie bei sich: ›Hätt ich ein Kind so weiß wie Schnee, so rot wie Blut, und so schwarz wie das Holz an dem Rahmen.‹ Bald darauf bekam sie ein Töchterlein, das war so weiß wie Schnee, so rot wie Blut und so schwarzhaarig wie Ebenholz, und ward darum das Sneewittchen genannt. Und wie das Kind geboren war, starb die Königin.«

Die Zuhörer, befragt, was sie im Lauschen auf diesen Märchenanfang empfinden, antworteten: Ruhe, Geborgenheit, Innerlichkeit, Reinheit, wohl auch eine leise Trauer u.ä. Auch das hat an sich nichts Überraschendes.

Wenn wir uns aber den Text mit kritischer Wachheit durchlesen und uns fragen, wie wir seine Aussage im gewöhnlichen Leben verstehen würden, fällt uns auf, dass wir im Zuhören die Fakten, die das Märchen aufzählt, ganz anders empfunden haben als in der Welt, in der wir uns gewöhnlich wahrnehmen. Es werden keine Empfindungen von Kälte, Einsamkeit, vielleicht gar von Ekel hervorgerufen, obwohl das, was das Märchen nennt, genügend Anlass dafür gäbe. Da sitzt eine Frau »mitten im Winter« ganz allein im Schnee, sticht sich in den Finger, und es rinnt Blut. Schließlich wird auch noch erwähnt, die Königin sei, möglicherweise bei oder infolge der Kindgeburt, gestorben.

Selbst als Erwachsene geraten wir kaum in Gefahr, das Angesprochene äußerlich zu verstehen. Wir lassen uns vielmehr, als wäre es ganz selbstverständlich, in eine Innenwelt führen, einen Seelenraum, in dem uns das Wort Schnee nicht von Kälte, sondern von Reinheit spricht, Blut nicht von Verletzung, sondern von liebender Hingabe, in dem Sterben nichts Schreckliches an sich hat – und wir lassen das mit uns geschehen selbst dann, wenn wir möglicherweise bisher nicht einmal wussten, dass es eine solche Welt überhaupt gibt.

In jener Welt, in die das Märchen uns hineinstellt, verändert sich auch das Erleben der Zeit. In jedem Märchenanfang lebt auf geheimnisvolle Weise die Ahnung von einem guten Ausgang, damit aber zugleich die Gewissheit, dass die Erfahrungen, die der Märchenheld zu durchlaufen hat, nicht von seiner Herkunft bestimmt sind, sondern von dem Ziel, das er erreichen wird. Nicht in der Vergangenheit allein liegen die Ursachen für das, was geschieht, sondern mehr noch in der Zukunft. Der Anfang, so notgeprägt er gleich sein mag, ist bereits verklärt von der Zukunft, von dem guten Ausgang.

Ein Siebenjähriger fragte, als »Das Eselein« erzählt wurde, erstaunt: »Warum haben sie das Eselein denn nicht ins Wasser geworfen und ertränkt, wie die Königin es wollte?« Antwortete der neunjährige Bruder: »Quatsch. Der soll doch mal König werden.« Damit war die Sache – nach Märchenlogik – klar.

Denken Sie an »Hänsel und Gretel«, an »Aschenputtel«, an »Dornröschen«, »Sneewittchen« und wie sie alle heißen. Sie alle laden uns im Zuhören ein, hinzuschauen nicht allein auf das, was gewesen ist, sondern hinzulauschen auf das, was kommen will.

Dieses andersartige Erleben von Ursache und Wirkung wird noch weiter angeregt, wenn wir einmal darauf achten und ernst nehmen, wie die Märchen beginnen und wie sie enden.

»Es war einmal«, heißt es am Beginn, »Und wenn sie nicht gestorben sind, dann leben sie noch heute«, heißt es am Ende. (Märchenkenner wissen natürlich, dass nur wenige Märchen wirklich mit »Es war einmal« beginnen und etwa in der Sammlung der Gebrüder Grimm nur ein einziges mit dem vertrauten »Und wenn sie nicht gestorben sind …« endet, das eher unbekannte »Fundevogel«. Dennoch erleben wir, dass dies das »richtige« Ende für ein Märchen ist, und das ist auch eine Realität.)

Was war davor? Wie geht es weiter? Solche Fragen zu stellen, regen die Märchen uns an – und lassen sie für unsere eigene Beantwortung offen. Die Antwort müssen wir selbst finden. Das Märchen setzt sich fort in unser eigenes Leben hinein. Es verknüpft uns mit einem »Es war einmal« und mit einer Zukunft, die der erleben kann, der nicht ersterben lässt, was das Märchen in ihm zum Leben gerufen hat.

Just die Erfahrungen, vor denen wir uns im Leben fürchten, die Tatsachen, mit denen wir oft so wenig anzufangen wissen, spielen im Märchen eine ganz selbstverständliche, immer wiederkehrende, oft entscheidende Rolle: Not, Krankheit und Tod, Schicksal. Insofern sie uns darauf einstimmen, diesen Tatsachen gegenüber eine positive Haltung einzunehmen, dienen sie der Entängstigung der Seelen.

Es mag überraschen, dass die Erfahrungen, die beim Märchenhören gemacht werden können, ihre Bedeutung auch für das gewöhnliche Leben haben. Doch wer im Märchen die Not, die Krankheit, den Tod kennengelernt hat, ist dafür vorbereitet, auch im äußeren Leben anders damit umzugehen. Er wird nicht kurzschlüssig feststellen: »Das ist mir jetzt wieder passiert«, sondern vielleicht fragen: »Wo will mich diese Erfahrung hinführen?« So erschließen uns die Märchen den Zugang zu einer Lebenswirklichkeit, die uns sonst leicht verschlossen bliebe.

Anne-Marie Tausch, eine Psychologieprofessorin, die Krebskranken helfen wollte, mit ihrem Schicksal fertig zu werden, hat erlebt, welchen Unterschied für die Art, wie wir mit Krankheit und Sterben sinnvoll umgehen können, es macht, dass man so fragen kann. Als sie erfuhr, dass sie selbst an Krebs erkrankt wäre, meldeten sich all die Ängste, Vorurteile, der Zorn, der mit diesem Krankheitsbild verbunden ist. Dann wurde sie von einer Freundin angeregt, nicht an das zu denken, was man allgemein über die Krankheit Krebs weiß, sondern vielmehr zu fragen: »Was will meine Krankheit von mir?«

Und siehe da, nicht sofort, aber im Lauf von ein paar Wochen stellte sie fest, dass sie angeregt wurde, Erfahrungen zu machen, Dinge zu lernen, die sie ohne den Krebs, ihren Krebs, nie gemacht, nie gelernt hätte und die sie letztlich erfahren lassen: »Die Tür zum Leben geht nach innen auf.«

Diese Tür zum Leben im Inneren öffnen die Märchen.

Von welcher Vergangenheit sprechen die Märchen?

In Kulturen, die noch keine Schrift kannten, kam dem Erzähler eine wichtige Aufgabe zu. Erzählend musste er die Erinnerungen an Begebenheiten der Vergangenheit und damit die Beziehung des Stammes dazu wachhalten. Wenn er von den Taten eines verstorbenen Helden berichtete, dann trat genau das ein, was auch beim Märchenhören geschieht: Die Zuhörenden sahen den Helden zwar nicht äußerlich vor sich, umso mehr identifizierten sie sich im Zuhören mit ihm, erlebten ihn, als lebte er in ihnen selbst. Die Grenzen von Geburt und Tod wurden in solchem Erzählen immer ein wenig offen gehalten, und der einzelne blieb mit der Vergangenheit des Stammes und seiner Helden intensiv verbunden. Ihr Leben strömte in ihm fort.

An welche Vergangenheit knüpfen in ihren Märchen die Brüder Grimm an? Eine konkrete deutsche Geschichtsvergangenheit werden wir in ihnen schwerlich entdecken können, auch keine der deutschen Helden, von denen etwa die Sagen berichten. Die Märchenbilder führen uns in eine ganz anders geartete Vergangenheit zurück.

Was wir aus unseren eigenen Seelenkräften hervorgehen lassen, wenn wir uns die Großmutter, das Rotkäppchen, den König oder die Königin innerlich beleben, hat nichts mit irgendwelchen früher einmal in unserem Volk inkarnierten Persönlichkeiten zu tun. Wir schöpfen es ganz neu und ganz ursprünglich. Zugleich aber ist das, was wir da erschaffen – so individuell es auch sein mag und so ganz und gar neu und noch nie dagewesen auch für uns selbst –, doch mit dem Wort des Märchens, das unsere Seelentätigkeit angeregt hat, bereits benannt.

Alle Großmuttervorstellungen, die ich mir bilden mag, sind mit dem Wort »Großmutter« schon umfasst, ebenfalls alle Vorstellungen des Rotkäppchens mit dem Wort »Rotkäppchen«. Ich fühle mich einerseits ganz frei, meine Bildekräfte spielen zu lassen, und andererseits bewege ich mich mit dieser Tätigkeit in einem Rahmen, dessen Bedingungen und Begrenzungen durch den Begriff bereits festgelegt sind. Das bedeutet, dass es in nicht sinnlicher Weise die Großmutter und das Rotkäppchen bereits gibt; durch mein Gestalten aber hole ich sie in meiner ganz eigenen, nur mir entsprechenden Weise in mein Erleben und Erfahren hinein. Ich mache eine allgemeine Möglichkeit zu meiner eigenen Kraft.

Die tiefere Dimension, die damit angesprochen ist, kann uns deutlich werden, wenn wir den Begriff »Mensch« bedenken. Es bezeichnet zwar etwas ganz Bestimmtes: uns selbst, wie wir heute sind, darüber hinaus aber auch das, was in Zukunft einmal aus uns werden kann. Auch für das, was wir erst in Zukunft sein werden, weckt das Wort unser Ahnen. Indem wir uns mit ihm verbinden, regt sich in uns der Wille, einem zukünftigen Menschwerden zu dienen. Wir rühren an das Zukünftige des Menschen, das zu verwirklichen in unsere Macht gegeben ist, machen uns zum Bildner dessen, was das Wort selbst – als Möglichkeit – heute schon umfasst.

Indem ich dem Märchen lausche, schöpfe ich wie aus Brunnentiefen aus den Tiefen des Wortes, aus jener Wirklichkeit, die übersinnlich in dem Wort als zukünftige Möglichkeit enthalten und die mir eigenartigerweise sogar vertraut ist. Ich trage diese Wirklichkeit als unbewussten Schatz in den Tiefen meiner eigenen Seele. Sie ist nichts Fremdes, das von außen in mich hineindrängt, sondern sie gehört zu meinem Eigenen hinzu.

Die Märchen bewahren wie die Erzähler in alten Kulturen eine Erinnerung, die sonst leicht verlorengehen könnte. Dabei handelt es sich aber, wie wir festgestellt haben, nicht um Erinnerungen an frühere Stammeserlebnisse und bestimmte Persönlichkeiten, die einmal auf der Erde gelebt haben. Die Märchen knüpfen an einer größeren Vergangenheit an: an den vorgeburtlichen Erfahrungen.

In jenem Bereich, in dem sie sich selbst die Begabungen herausgesucht haben, die sie für ihr Erdenleben mitbringen wollten, sind die Kinder den Kräften begegnet, an die die Märchengestalten sie wieder erinnern, haben sie als Gestaltungsmöglichkeiten, als Menschenbildekräfte aufgenommen und tragen sie in ihren eigenen Seelen als Schatz aus dieser vorgeburtlichen Welt mit hinein in ihr jetziges konkretes Erdenleben. Deshalb sind die Wesen, die sich etwa das Kind beim Zuhören vorstellt, zumeist auch viel idealer als das, was ihm unter demselben Namen vielleicht in der äußeren Welt entgegentritt.

So können die Märchen im Zuhörenden die eigenen vorgeburtlichen Entschlüsse wieder bekräftigen – nicht in Form von Gedanken, aber in Gestalt von Zutrauen und Mut dem Leben gegenüber, das wir einmal bejaht und für das wir uns in sinnvoller Weise an jenem Bronnen der Menschenbildekräfte ausgerüstet haben.

Das Erfühlen einer Vergangenheit vor der Geburt lässt zugleich eine Zukunft über den Tod hinaus erahnen. So können die Märchen heute einen unschätzbaren Dienst zur Entängstigung der Seelen leisten, denn nichts wird als so bedrohend empfunden wie die Tatsache der eigenen Sterblichkeit und nichts wird zugleich in seiner Wirklichkeit so sehr verkannt wie der Tod.

Gesichtspunkte für das Märchenerzählen

Hier sollen einige Gesichtspunkte für das Märchenerzählen angefügt werden, nach denen in Kursen gelegentlich gefragt wird und die zu beachten mir aus meiner eigenen Erfahrung als Erzähler sinnvoll erscheint.

Welches ist das rechte Märchenalter?

Das Märchenalter beginnt mit dem zweiten Lebensjahrsiebt, wenn die Kinder in die Schule kommen. Danach wächst man aus diesem Alter eigentlich nie mehr heraus. Wenn es auch eine Spanne im Leben gibt, wo das Interesse an Märchen mehr in den Hintergrund tritt, weil man seinen Platz in der äußeren Welt finden muss – mit zunehmendem Alter und der wachsenden Erfahrung, dass die wesentlichen Fragen in der äußeren Welt ihre Antwort nicht finden, werden die Märchen wieder beliebt.

Zu beachten ist aber das erste Alter für das Märchenhören. Die Märchen wecken Erfahrungen im Innenraum der Seele. Da haben sie ihren richtigen Ort, da können ihre Gefahren gemeistert und ihre Ziele erreicht werden. Wir haben gesehen, dass wir als Erwachsene sehr genau unterscheiden, ob uns von der Außen- oder der Innenwelt erzählt wird, und von selbst im Märchenhören die Wendung nach innen vollziehen. Diese Fähigkeit entwickelt sich erst im zweiten Lebensjahrsiebt. Vorher durchdringen sich Außen und Innen noch.

Ein Kindergartenkind wird seiner Konstitution wegen dazu neigen, die Märchengestalten in der äußeren Welt wiederzuerkennen: etwa den Wolf aus dem »Rotkäppchen« im Hund des Nachbarn oder in der alten Frau von gegenüber die Hexe aus »Hänsel und Gretel«. Während der ältere Märchenhörer aber die Möglichkeit hat, gegen diese Bedrohung im eigenen Inneren auch die Gegenkräfte zu mobilisieren – etwa den Jäger –, ist das kleine Kind, wenn solche Begegnungen in der äußeren Welt stattfinden, diesen hilflos ausgeliefert. Dann kann das Märchen seine entängstigende Wirkung nicht entfalten, sondern wird im Gegenteil Ängste wecken.

Um den rechten Zugang zu den Märchen nicht voreilig zu erschweren, ist es deshalb sinnvoll, mit dem Erzählen bis zur Schulreife zu warten. (Mit einigen wenigen »ungefährlichen« Märchen, die man den kleinen Kindern immer wieder erzählt, kann auch im Kindergartenalter die Vorfreude auf eine künftige Märchenzeit schon geweckt werden.)

Soll man erzählen oder vorlesen?

Es gibt mancherlei Gründe, die für ein wortgetreues Erzählen der Märchen anzuführen wären. So wird man bemerken, dass die Kinder selbst gewisse Formulierungen in immer gleichbleibender Weise hören möchten und sich bitter beklagen, wenn bei einer Wiederholung dasselbe mit anderen Worten erzählt wird. Diese Beobachtung würde dafür sprechen, Märchen vor dem Erzählen auswendig zu lernen. Dazu werden sich die wenigsten Mütter in der Lage sehen.

Eine zweite Möglichkeit ist das Vorlesen. Das stellt die Treue zu denselben Formulierungen sicher, hat aber auch seine Tücken. Die hauptsächliche Schwierigkeit besteht darin, dass die Kinder gelesene Worte oft gar nicht verstehen können. Sie erschließen ihnen nicht ihre Bedeutung. Dann wird Märchenhören eine sehr langweilige Angelegenheit. Woran mag das liegen?

Dasselbe Rätsel hat sich gestellt, als in den USA versucht wurde, Kindern mithilfe des Fernsehens Sprache beizubringen. Auch da wurden die Äußerungen des Apparates nicht als Sprache erkannt. Russische Wissenschaftler haben den Grund dafür herausgefunden: Kinder erkennen eine Äußerung nur dann als Sprache, wenn sie Fragen stellen können.

Wer also Märchen vorlesen möchte, tut gut daran, darauf zu achten, dass das Buch nicht den unmittelbaren Kontakt zu den Kindern stört, und schaffe eine Situation, in der Fragen nicht stören. Dann wird sein Vorlesen die Kinder auch erreichen.

Wichtig ist, dass der Vorlesende das Märchen bereits kennt und weiß, was er dem zuhörenden Kind zumuten wird. Nur das, mit dem er sich selbst innerlich verbinden kann, wird das Kind erreichen und eine positive Wirkung bei ihm erzielen. Was in ihm selbst noch Fragen hervorruft, bleibt auch für den Zuhörer verschlossen.

Persönlich ziehe ich das freie Erzählen dem Vorlesen vor. Der Liebe der Kinder zu gleichbleibenden Formulierungen suche ich dadurch gerecht zu werden, dass ich bestimmte Äußerungen oder besondere Wendungen in immer gleichbleibender Weise erzähle.

Wie oft kann ein Märchen wiederholt werden?

Der Erwachsene wird, wenn er den Begriff »Märchen« hört, vielleicht an ein dickes Buch denken; das Kind denkt weit eher an spannende Abenteuer. Es sucht beim Märchenerzählen keine Informationen – dazu würde ein einmaliges Erzählen genügen –, sondern Erfahrung. Es möchte die eigenen Seelenkräfte betätigen, zu handhaben lernen und Vertrauen in diese eigenen Kräfte entwickeln.

Das gelingt am besten, wenn die Fakten des Märchens dem zuhörenden Kind bereits vertraut sind – wie das Theaterspiel am besten gelingt, wenn man die Rollen schon gelernt hat. So lebt das Märchen von der Wiederholung. Je kleiner das zuhörende Schulkind ist, desto geduldiger sollte man bei einem bestimmten Märchen bleiben und nach einer Weile auch wieder dazu zurückkehren. Eine Woche lang jeden Abend dasselbe hören – und innerlich durchleben – können, erlaubt den Kindern, sich die im Märchen angesprochenen Kräfte zu eigen zu machen, Ängste zu meistern, Prüfungen zu bestehen und das Vertrauen, das eigene Ziel glücklich erreichen zu können, immer stärker zu entfalten. Wer Geduld hat, kann dasselbe auch über noch längere Zeiträume erzählen.

Wie steht es mit den Bilderbüchern?

Es ist gerade Methode der Märchen, dass sie auf alle illustrierenden Beschreibungen verzichten. Insofern stellen sie den Maler, der passende Bilder dazu schaffen soll, vor eine schwere Aufgabe. Persönlich meine ich, dass Märchen gar keine Bilder brauchen. Kleine Kinder brauchen mitunter Bilderbücher, um daran zur Ruhe zu kommen oder einfach, um sich daran zu erfreuen. Oft wird man aber erleben, dass die Kinder von Illustrationen zu Märchen eher verwirrt als angesprochen werden. »Das Rotkäppchen sieht doch ganz anders aus«, werden sie etwa kopfschüttelnd feststellen. Natürlich sieht es anders aus: nämlich wie sie selbst – innerlich. Wie soll man das malen?

Ein Kompromiss könnte sein, als Bilderbuchgeschichten keine Märchen auszuwählen oder nur ein bestimmtes, das dann für das innere Erleben allerdings nicht mehr in Frage kommt, da die angesprochenen Gestalten sogleich eine äußere Vorstellung wecken.

Anders ist es, wenn Kinder selbst Bilder zu Märchen malen oder wenn sie in einer kleinen Aufführung die Märchenpersonen auch äußerlich darstellen. Auch in solchem Tun schöpfen sie aus der Schatztruhe ihrer eigenen Seele. Es sollte dabei darauf geachtet werden, dass nicht so sehr das Ergebnis als vielmehr die Tätigkeit selbst das Wichtige dabei ist.

Wovon die Märchen erzählen

Einblicke in die Welt der Märchen

Was im vorangehenden Kapitel allgemein dargestellt worden ist, soll in den folgenden Betrachtungen an einzelnen Märchen etwas konkreter ins Auge gefasst werden. Auch dabei soll im Vordergrund die eigene Erfahrung stehen, zu der das jeweilige Märchen anregt, ist es doch die besondere Gabe der Märchen, dass sie unsere Fragen nicht intellektuell beantworten, sondern Räume öffnen, in denen wir unsere eigenen Erfahrungen machen und unsere persönlichen Antworten finden können. Das Woher und Wohin des Menschen, Freuden und Gefahren, die mit dem Erdenleben verbunden sind, seine Beziehung zu höheren Wesen, die ihn begleiten, schließlich auch der Umgang mit dem Tod selbst werden uns von den Märchen nahegebracht. Was wir daran erleben, können wir als Erfahrung in unsere alltägliche Lebenswelt hinübertragen zur Klärung unseres Blicks und zur Ermutigung auf unserem Schicksalsweg.

Erklärungen, die gelegentlich angefügt werden, sollen deutlich werden lassen, aus welchen Weisheitsgründen die Märchen geschöpft sind und an welchen Zusammenhängen der Zuhörende miterlebend Anteil gewinnt. An eine »Übersetzung« der Märchenbilder in Verstandesbegriffe ist dabei nicht gedacht.

Die Bekanntschaft mit den angesprochenen Märchen möchte ich voraussetzen. Es wäre gewiss günstig, vor der Lektüre der folgenden Darstellungen zunächst das jeweilige Märchen selbst in der Sammlung der Brüder Grimm nachzulesen und dabei seine Stimmungen mit der eigenen Seele fühlend auszuloten.

Auf das Märchen von »Hänsel und Gretel« soll beispielhaft gründlicher eingegangen, in den weiteren Märchen mehr die spezielle Thematik betrachtet werden.

»Hänsel und Gretel«

Die Not im Vaterhaus

Das Märchen verzichtet am Anfang auf das bekannte »Es war einmal«. So erscheint das, wovon es berichtet, nicht wie eine Erinnerung an einmal Gewesenes. Mit den Worten »Vor einem großen Walde« empfängt es uns und versetzt uns ohne viel Federlesen in das unmittelbare Geschehen, die unmittelbare Not und ihre Überwindung. Dass darin der »große Wald« eine wichtige Rolle spielen wird, können wir schon ahnen.

Am Beginn des Märchens erleben wir die Situation im Vaterhaus. Dieser Begriff »des Vaters Haus« wird später im Märchen dreimal benutzt. Da ist draußen, vor »des Vaters Haus«, jene Welt, von eigenartigem Leben erfüllt, unwegsam, undurchschaubar, geheimnisvoll, die dann im weiteren ja der Schauplatz der Handlung sein wird. Von ihr ernährt der Vater seine Familie, indem er versucht, das ein oder andere umzumünzen in Nahrung für seine Kinder. Aber diese Möglichkeit ist an ein Ende gekommen. Der Vater kann »das tägliche Brot« nicht mehr herbeischaffen. Die Kinder müssen selbst sehen, wo sie es finden.

Diese Situation können wir so zusammenfassen, dass wir feststellen: Der Vater ist nicht mehr in der Lage, für das Wohlergehen seiner Kinder zu sorgen. Was er im Walde schafft, reicht zum Leben nicht mehr aus. Dass dieses Nicht-mehr-Ausreichen vor allem für die Kinder gilt, wird im Fortgang des Märchens daran deutlich, dass der Vater ja überlebt. (Woran die Frau gestorben sein mag, wird uns später noch beschäftigen müssen. Aber auch sie, so darf einmal im voraus festgestellt werden, ist gewiss nicht dem Hunger erlegen.) Für den Vater allein, für seine Existenz also wäre der Hunger keine Bedrohung. Aber die Kinder sind in Not.

Die Not, welche dann auch im Weiteren geschildert wird, wird schnell im Zusammenhang gesehen mit jener anderen Persönlichkeit, die neben Vater und Kindern ebenfalls im Vaterhaus angetroffen werden kann und die dort sogar die eigentlichen Entscheidungen herbeiführt und durchsetzt; das Märchen nennt sie an den meisten Stellen einfach »die Frau«.

Gerechterweise muss man feststellen: Die Not, die am Anfang der Ereignisse steht, hat mit ihrem Wesen nichts zu tun; die liegt in der Armut des Vaters begründet und in der »Teuerung«, die über das Land gekommen ist. Eine Situation ist also eingetreten, wo man einen viel höheren Einsatz für die Kinder leisten muss, als es vorher nötig gewesen war. Allerdings nützt »die Frau« diese Not aus, um in ihrer Art wirksam zu werden – stiefmütterlich hart und klug zugleich.

Wie ist »die Frau« wohl in das Vaterhaus gekommen? Das Märchen lässt offen, ob es sich um die echte Mutter – zweimal findet sich im Text auch die Bezeichnung »Mutter« – oder um eine zweite Frau des Vaters handelt – ein einziges Mal wird sie als »Stiefmutter« bezeichnet. Ihre Handlungsweise allein lässt sie als die Stiefmutter, wie das Märchen sie kennt, erscheinen. Wie dem auch sei, eines ist gewiss: dass »die Frau« dort leben und wirken kann, weil der Vater selbst sie ins Haus genommen hat. Er, der hier so schwach und unentschlossen erscheint, hat ihr Raum gegeben, dass sie für die Kinder schalten und walten kann.

Was die Not wenden kann

Dieses Walten der Frau im Vaterhaus kann aber erst wirklich vollständig beurteilt werden, wenn man das Ziel ins Auge fasst, das das Märchen schildert: dass nämlich am Ende die Kinder Perlen und Edelsteine ins Vaterhaus tragen. Bis dahin ist es zwar noch weit, als sie am Anfang Hunger leiden, aber die Möglichkeit ist bereits vorhanden. Es ist Märchenlogik, dass, um die Ereignisse wirklich verstehen zu können, die Zukunft mit ins Auge gefasst werden muss. (Vielleicht ist es ja auch nicht nur Märchenlogik, sondern die tiefere jedes Lebens ...)

Draußen vor der Tür von »des Vaters Haus« gibt es den Wald bereits mit dem Hexenhaus, und auch die Schätze lagern dort schon. Aber vorerst ist alles nur Möglichkeit. Diese Möglichkeit kann Wirklichkeit werden gerade wegen der Impulse, die die Frau setzt, die zu setzen der Vater wegen seiner Liebe zu den Kindern nicht in der Lage ist. Er hat sich mit der Frau gewissermaßen die Entscheidungshilfe ins Haus geholt, welche die Kinder brauchen. In ihr scheint die Mutterliebe verhärtet, ist es auch; aber gerade das ist in diesem Augenblick sinnvoll.

(Dass die Entwicklungen im Weiteren nicht dem Zufall überlassen sind, sondern auf ein Ziel hingeleitet werden, kommt durch die »weißen Vögel« zum Ausdruck, auf die wir später noch schauen werden.)

Fassen wir zusammen, was wir bisher gefunden haben, so können wir sagen: Im Vaterhaus herrscht Not für diejenigen, die noch wachsen müssen, die noch werden wollen. Diese Not herrscht, weil der Vater aus seiner Beziehung zu jener Welt, in welcher sich das Werden der Kinder abspielen wird, nicht die Mittel zu ihrer Ernährung aufbringen kann. Ausgerechnet seine Liebe aber hindert ihn, sich von den Kindern zu trennen.

Das, was die Not wenden kann, das Notwendige, muss durch die Frau herbeigeführt werden, die er in sein Haus aufgenommen hat, um für die Kinder zu wirken. Und aus der weiteren Schilderung des Märchens können wir sehen: Obwohl die Frau aus böser Absicht handelt, setzt sich doch letztlich das durch, was der Vater für die Kinder erhofft: dass sie leben können ohne Not. Die Frau ist also die Handelnde im Vaterhaus, vom Vater zugelassen, ja herbeigerufen; die Absicht aber, die sich durch ihr Tun verwirklicht, ist diejenige des Vaters.

Damit gibt uns das Märchen von »Hänsel und Gretel« im Bild einen Aufschluss zu der ja oft brennenden Frage: Wie kommt das Böse in die Welt? Hier können wir erleben: Es kommt als Entscheidungshilfe des Vaters an seinen Ort, um den Fortgang zu bewirken, den er aus seiner eigenen Liebekraft direkt nicht bewirken kann. Gerade seine Liebe bedarf ihres Gegenteils, damit die Kinder voranschreiten können.

Wir können bemerken, wie hier im Bilde etwas erlebbar wird, worum der Verstand, wenn er es in Begriffe zu fassen suchte, sehr zu ringen hätte.

Mond und Sonne

Der Versuch, die Kinder loszuwerden, muss zweimal unternommen werden. Beim ersten Mal finden sie dank der Kieselsteine, die sie im Mondlicht ihren Weg erkennen lassen, zu »des Vaters Haus« zurück. Erst als Hänsel versucht, mit den Brotkrümeln den Weg zu bezeichnen, hat das Ansinnen der Frau Erfolg, und die Kinder müssen im Wald bleiben.

Wir sagen so selbstverständlich: Sie fanden ihren Weg zurück. Ist das eigentlich richtig ausgedrückt? Ist es ihr Weg, nur weil sie ihn schon einmal gegangen sind? Weil der Mond ihn ihnen so schön silberglänzend erhellt?

Indem wir so fragen, können wir aufmerksam werden darauf, dass dieser erste Weg in den Wald und aus dem Wald zurück zu des Vaters Haus noch ganz im Monden-Nachtbereich liegt. Nachts werden die Kiesel gesammelt, vor Sonnenaufgang wird losgezogen, das Nachttier, das Kätzchen, so gibt Hänsel vor, winkt »Lebewohl«. Tagsüber sind die Kinder im Wald und – schlafen, bis es ganz dunkel ist. Dann folgen sie den vom Mondlicht beschienenen Kieselsteinen zurück, dahin, woher sie gekommen sind. Und dort beginnt über kurz oder lang dieselbe Not für sie wie zuvor.

Auch beim zweiten Mal fallen die Entscheidungen nachts. Vor Tagesanbruch ist man auf dem Weg. Aber jetzt winkt vom Dach das Täubchen, und es sind die Brotkrumen, die den Weg bezeichnen sollen. Die sind im Mondlicht nicht wiederzufinden. Warum nicht? Weil andere Wesen Interesse daran hatten – für die Kiesel hat sich niemand außer den Kindern interessiert. Der jetzt bezeichnete Weg aber wird nicht nur für die Kinder, sondern auch für die Vögel interessant. Das hat zur Folge, dass sich die Aktivitäten in den Tages-Sonnenbereich verschieben. Jetzt schlafen die Kinder nachts, und tagsüber suchen sie ihren noch unbezeichneten Weg. Das Ziel finden sie mittags.

Wir können sagen: Im ersten Fall sind sie sicher; alles ist so, wie es veranlagt war, und was gewesen ist, führt auch in derselben Weise weiter, aber dieses Weiter ist, genau betrachtet, nichts anderes als ein Zurück. Die Sicherheit wird dadurch geschaffen, dass überhaupt nur eine festgelegte Möglichkeit gegeben ist. Das Mondlicht erhellt das Festgelegte, das Vergangene, früher bereits Begangene.

Im zweiten Fall fehlt alle Sicherheit. An die Stelle des Festgelegten treten unzählige Möglichkeiten, welchen Weg man wählen soll. Mit dem Verzicht auf das Vergangene öffnet sich aber Zukunft. Und noch etwas Wichtiges: Es gibt Wesen, die an diesem Weg in die Zukunft Interesse haben, die einerseits Nahrung finden, andererseits dann aber auch als Helfer und Leiter in wichtigen Augenblicken dienstbereit sind – das weiße Vöglein, das zum Hexenhaus führt, und das weiße Entchen am Schluss. Sie drängen ihre Dienste nicht auf, stehen aber freilassend zu Diensten.

Dieser Gegensatz von Monden- und Sonnenbereich kommt auch in den Gegenständen zum Ausdruck, die den Weg markieren: in Kiesel und Brot. An dem einen erscheint das Licht äußerlich kalt, gespiegelt; es bleibt gewissermaßen es selbst. An dem anderen dagegen wird es nicht gespiegelt, sondern es ist aufgenommen und zur eigenen inneren Werdekraft geworden; das Getreide ist im Sonnenlicht herangewachsen und bis in sein inneres Wesen hinein sonnenverwandt. Die Kiesel bleiben im Märchen Episode; nur ganz am Ende werden sie noch einmal erwähnt, wenn Hänsel von den Edelsteinen sagt: »Die sind noch besser als Kieselsteine.« Das Brot aber durchzieht das ganze Märchen, und wir wollen uns gleich noch ein wenig genauer damit beschäftigen.

Zunächst aber können wir das, was wir eben angeschaut haben, zusammenfassen, indem wir feststellen: Das Märchen erzählt uns offenbar von zwei Schicksalsbereichen. Der eine, der Mondbereich, ist festgelegt durch das, was immer war, was vorher geschehen ist – hier das Auslegen der Kieselsteine. Hier herrscht Unabänderlichkeit; was einmal geschehen ist, gilt weiter, legt den Weg fest. Das bedeutet einerseits Sicherheit, andererseits verhindert es einen Fortgang.

Der andere Schicksalsbereich, von dem das Märchen spricht, der Sonnenbereich, ist dadurch charakterisiert, dass hier Altes, Angelegtes, Schon-Begangenes nicht zählt, sondern nur das Ziel, das errungen werden soll. Das bedeutet Freiheit, aber auch Unsicherheit; es bedeutet Gefahr – die Hexe könnte auch siegen –, aber auch die Möglichkeit einer Fortentwicklung. Und es bedeutet darüber hinaus, dass der eigene Weg für andere Wesen interessant wird – für die Vögel, in etwas anderer Art für die Hexe, vor allem aber dann auch für den Vater selbst.

Mond und Sonne, so lässt uns das Märchen empfinden, können im Schicksal führen. Welcher Führung der Mensch sich anvertraut, hängt auch von ihm selbst ab. Wer vor allem Sicherheit sucht, wird gern im Mondbereich verharren. Manch einer aber wird auch im Leben durch widrige Umstände – z.B. eine verschlossene Untertür, die ihn am Entschlüpfen hindert – zur Freiheit und zum Fortschritt – und in die Gefahr hinein – gezwungen.

Vom Brotgeheimnis

Wenden wir uns jetzt dem Brot zu. Wir können zunächst einfach eine Bestandsaufnahme machen: Um das tägliche Brot geht es bereits von Anfang an. In des Vaters Haus gibt es davon nicht genügend. Wer teilt das Brot aus? Die Frau! Wohin führt der mit Brot markierte Irrweg der Kinder? Zum Brothäuschen, in welchem wiederum eine Frau auf sie wartet. Auch hier also die Frau als Verwalterin des Brotes. Aber welch ein Unterschied zum Vaterhaus! Gab es dort kaum genügend Brot, um überleben zu können – für jeden »ein Stückchen« –, so können die Kinder jetzt gewissermaßen im Brot selbst leben, indem sie ins Brothäuschen einkehren.

Die Steine, seien es die Kiesel oder später die Edelsteine, führen immer zum Vater; das Brot führt immer zur Frau.

Wesentlich für das Brot ist vor allem anderen, dass es ernährt, das heißt aber, dass es von Wesen aufgenommen und verwandelt wird. Das Brot hat für sich selbst keinen Sinn, und es berührt uns selbst in Zeiten des Überflusses eigenartig, wenn wir weggeworfenes Brot finden oder wenn mit Brot leichtfertig umgegangen wird. Es birgt eben ein Geheimnis in sich: das Werdegeheimnis. Es trägt Leben, unser eigenes Leben. (Um keine andere Gabe bitten wir im Vaterunser als allein um »unser alltägliches Brot«.)

Dennoch behauptet Angelus Silesius in seinem bekannten Spruch: »Das Brot ernährt uns nicht.« In seinem Sinn stimmt auch diese Aussage. Denn nicht die Materialität des Brotes nährt unser Wesen, sondern das, was an Verwandlungskraft von uns aufgebracht wird, was aus sonnenlichtverwandter Materie Erdenmenschlichkeit macht. Der Prozess der Nahrungsaufnahme darf ja nicht auf den physischen Leib allein beschränkt betrachtet werden, sondern dieser Prozess gibt dem ganzen Menschen sein Leben. Ohne Brot wäre nicht nur unser Leib dem Tod preisgegeben, sondern unsere ganze Wesenheit.

Brot ist also eine Materie, die, selbst durch einen Verwandlungsprozess hindurchgegangen, das Wandlungsgeheimnis in sich birgt. Indem es aber Materie ist, ist es zugleich – mütterlich. Das sagt das Wort aus. Lateinisch *mater* ist im Deutschen die Mutter, und das Materielle ist entsprechend das Mütterliche.

Lässt sich das denn verstehen? Nun, es kann verständlich werden, denn wir sagten ja, dass das Brot eine Materie ist, die aus sich selbst gar nicht verstanden werden kann, sondern allein aus dem, was sie als Sinn, als Zweck in sich trägt. So aber können wir überhaupt alles Materielle verstehen: dass es immer einen Sinn, ein Sinnvolles, ja ein Wesenhaftes in sich trägt, es mütterlich umhüllt und birgt. Die Materie ist mütterlich, insofern sie bereit ist, ein Geistiges zu empfangen, zu umhüllen und schließlich zu sich selbst zu entlassen.

In der Hexe tritt uns diese Mütterlichkeit aber in ihrer Übersteigerung entgegen. Denn hier ist nicht nur die Bereitschaft zu umhüllen gegeben, sondern darüber hinaus auch das Verlangen, die Kinder zu kochen und zu essen.

Auch diese Seite der Materie kennen wir nicht nur aus dem Märchen, sondern sind mit ihr in fortwährender Auseinandersetzung. Das Märchen aber lässt uns erfahren, dass es sich bei dieser hexenhaften Seite der Materie eben um die Wirksamkeit eines Wesens handelt. Dieses Wesen kann nur dem physischen Teil der Wirklichkeit ihre Aufmerksamkeit schenken: Es kann nicht sehen, aber riechen. Es kann an Hänsel nur Knöchernes wahrnehmen. Überspitzt gesagt: Nicht nur wird das Brot, indem es als Nahrung aufgenommen wird, zu Mensch, sondern es besteht zugleich die Gefahr, dass der Mensch in diesem Prozess an die Materie gefesselt wird. »Der Mensch ist, was er isst«, heißt es dann korrekt.

In dem von uns betrachteten Märchen ist es ausgerechnet der Umgang mit der Brotzubereitung, der über das Schicksal der Hexe entscheidet: Der Ofen, in dem sie verbrennt, ist für das Brotbacken eingeheizt worden. Und es kann uns als außerordentlich weisheitsvoll berühren, dass in dem Feuer, welches aus Erdenstoff Brot werden lässt, auch diese »steinalte« Mutterkraft verwandelt wird, die im Brot die Fesselung an den Erdenstoff bewirken will. Sie wird selbst im Brotofen gebacken. Sie verhungert nicht, sondern wird selbst hineingenommen in den Brotwerdeprozess.

Wer hatte denn das Feuer im Wald entzündet? Der Vater. Jetzt schlafen die Kinder nicht daneben, sondern Gretel erwacht daran zu neuen Fähigkeiten.

Wer sind die Kinder?

Das Märchen tut, was wir alle gern tun: Es nennt die Kinder, solange sie klein sind, mit Kosenamen, gewissermaßen, um ihre eigentlichen Namen und deren Aussage auf das Kindermaß zurückzustutzen. Was sind die wirklichen Namen, welche diese beiden Kinder tragen? Was sollen sie einmal werden? Johannes und Margarethe. Wieviel gewichtiger klingt das schon als Hänsel und Gretel. In diese Namen wachsen sie gewissermaßen hinein.

Woran denken wir, wenn wir den Namen Johannes hören? Vielleicht an die russischen Märchen, in denen der Held zumeist ebenfalls diesen Namen trägt, vielleicht an den »treuen Johannes« aus dem gleichnamigen Grimmschen Märchen. Oder wir denken an das Evangelium des Johannes, an »denjenigen, der sich beim Mahl an seine Brust gelehnt und gefragt hatte: Wer ist es, Herr, der dich verrät?«, also an den Lieblingsjünger Christi. Schließlich können wir noch an den Apokalyptiker denken – das war ja derselbe Lieblingsjünger im hohen Alter –, den Seher, der uns vom Himmlischen Jerusalem gekündet hat, dessen Fundamente aus Edelsteinen gefügt sind.

Margarethe wird zunächst nicht so viele Erinnerungen wecken. Da kann uns aber der Name selbst Aufschluss geben. In ihm steckt nämlich das griechische Wort *margaron*, das ist die Perle. Margarethe ist die Perlenartige, das heißt aber diejenige, die ein erfahrenes Leid so zu verwandeln verstanden hat, dass sich etwas Kostbares daraus bildet – wie die Muschel einen Schmerz erfahren muss (etwa durch ein eingedrungenes Sandkorn), um die Perle zu bilden. Wiederum aber führt uns das Bild der Perle zurück zu dem Apokalyptiker und zum Bild vom

Himmlischen Jerusalem. Denn es heißt, dass die Tore der Stadt aus einer einzigen Perle gebildet seien.

Johannes und Margarethe – das Himmlische Jerusalem – Edelsteine und Perlen – und beides findet sich just auch im Hexenhaus und wird von den Kindern mitgenommen ins Vaterhaus. Das also ist das Ziel des Weges jener beiden Kinder des Vaters.

Wie erscheinen die beiden, die so benannt werden und die miteinander aus des Vaters Haus in den Wald ziehen und ins Hexenhaus geraten? Schauen wir sie uns an!

Hänsel ist zunächst der Aktive, als es darum geht, das Bleiben im Vaterhaus zu bewirken. Er redet Gretel gut zu, er sammelt die Steine und hat natürlich auch die Idee, was er mit ihnen tun will. Gretel folgt ihm mehr oder weniger vertrauensvoll. Sie fällt vorerst nur dadurch auf, dass sie weint oder eben aufhört zu weinen. Die Führung Hänsels dauert an, bis sie im Hexenhaus angelangt sind. Dort allerdings findet sie dann ein recht abruptes Ende, indem der Bub sich »früh morgens« nämlich ins Ställchen eingesperrt findet.

Nun ist es Gretel, die schaffen muss, richtig arbeiten, Wasser schleppen vor allem, die Heulsuse, und für Hänsel kochen. Sie schafft, und er wird fett und rund dabei. Dass die Hexe davon nichts bemerkt, liegt nicht nur an dem Trick, den er anwendet; er lässt sie nur ein Knöchlein fühlen statt seiner selbst. Es liegt auch an der eingeschränkten Wahrnehmungsfähigkeit. Alles wäre dennoch schlimm ausgegangen, wenn Gretel nicht im entscheidenden Augenblick mit Weinen aufgehört und die Entscheidung an sich gerissen hätte. Das geschieht, als die Wasserträgerin das Feuer schüren lernt. Da hat sie den Geistesblitz, wie sie die Hexe überwinden und Hänsel befreien kann.

Eine Frage, so leicht und so schwer zu beantworten wie die: Wer sind Hänsel und Gretel?, wäre: Ja, wer bin ich eigentlich selbst?

Der Mensch ist im Erdenleben eben nicht nur einer, sondern mehrere. Natürlich blitzt das wahre Wesen in besonderen Momenten durch alles andere hindurch, aber doch nur für einen Augenblick, nicht zu halten, aber immer zu suchen. Handeln tue ich meistens nicht aus diesem wahren Wesen meiner selbst heraus, sondern aus meinen Seelenkräften. Und wenn ich das nur wach betrachte, kann ich bemerken, dass die Impulse zu diesem Handeln oft und oft auch nicht originär aus der eigenen Seele aufsteigen, sondern von außen hervorgerufen werden, Antwort sind auf die Situationen, in denen ich mich im Erdenleben finde. Dies ist nötig und das; hier muss ich hinhetzen und dort etwas erreichen. Und ob ich dabei auch noch daran denke, dass mein himmlischer Bruder ernährt werden will, ist häufig die Frage. Denn um mich ihm zuwenden zu können, muss ich in meiner Seele erst ruhig werden, Zeit finden.

Das Wässrige charakterisiert die Seele in treffender Weise. Es ist jene reine, lebentragende Substanz, die vom Himmel kommt, aber indem sie Wasser wird, doch auch den Schwerkräften der Erde verfällt. Es vermag sich den Erdenformen überall anzuschmiegen, sie vielleicht sogar zu durchdringen. Nur erheben zum Himmel kann es sich nicht mehr, es sei denn, das Feuer (die Wärme) kommt ihm zu Hilfe. Von selbst ist es irdisch orientiert, obwohl es aus den Wolken kommt.

Wie begeistern aber lässt sich die Seele doch, wenn eine Idee in sie einschlägt wie ein Blitz, wie ein Feuer! Dann bemerken wir deutlich, dass ihre Fähigkeit, sich anzupassen, nicht auf das Irdische allein beschränkt ist, sondern auch dem Himmel gegenüber gilt, wenn sie herausgefordert wird. Dann leuchtet innerhalb der Seele etwas auf, das wesensverwandt ist mit dem wahren Wesen des Menschen; dann findet sie wieder die Beziehung und Verbindung zum himmlischen Bruder, indem sie ihm verwandt wird.

Diese Beziehungen zwischen Menschenseele und Menschengeist, der sich zu einem Teil ins irdische Dasein hineinbegibt, aber dabei Beschränkungen seiner eigenen Wesensentfaltung erdulden muss, diese Verhältnisse, die wiederum gedanklich nicht leicht zu fassen sind, finden wir im Märchen anschaulich geschildert:

in dem Jungen, der im Ställchen sitzt und dick wird, und in dem Mädchen, das Wasser weint und Wasser tragen muss, bis das Feuer ihr eine neue Möglichkeit entzündet. Da kann sie den Bruder befreien – und auch die Hexe aus ihrer Verhärtung erlösen.

Die weißen Vögel

An drei Stellen im Märchen ist von weißen Vögeln die Rede. Hinzu kommen drei weitere Stellen, wo Vögel genannt werden. Die »viel tausend Vögel, die im Walde und im Felde umherfliegen« und die die Brocken aufgegessen haben, sind uns ja deutlich. Zu Gretel aber sagt die Hexe, als sie selbst in den Backofen kriecht, »dumme Gans«, und von Hänsel heißt es, als er befreit wird, dass er »wie ein Vogel aus dem Käfig« springt. Die Vögel sind also Wesen für sich, und zugleich sind die Kinder irgendwie mit ihnen verwandt.

Die Vögel fressen die Brotkrumen auf und sorgen damit dafür, dass die Kinder ihren alten Weg verlieren und ihren neuen suchen gehen können. Das weiße Vöglein am Mittag des dritten Tages aber hilft auch, dass sie das Ziel des neuen Weges finden können. Wer würde an dieser Stelle nicht an das Täubchen auf dem Dach des Vaterhauses erinnert werden! Die »dumme Gans« vermag später die »weiße Ente« zu bemerken und zu rufen, die die Kinder über das große Wasser zum Vaterhaus trägt. Was erst äußerlich geführt hat, wird allmählich zu einer Qualität der Kinder selbst, durch die sie ihren weiteren Weg finden bzw. Hilfe herbeirufen können. Seele und Geist erringen die Schwungkraft, sich über das Irdische zu erheben. Was als geistig-göttliche Führung über ihrem Lebensweg gewaltet hat, können sie selbst erringen und ergreifen. Es wird Teil von ihnen.

Geheimnisse des Erdenlebens

Das Märchen erzählt uns von Kindern – und indem es sie zu den handelnden Helden der Erzählung macht, identifizieren wir uns als Zuhörer ja mit ihnen –, die aus dem Vaterhaus entfernt werden müssen, weil sie dort das Lebensnotwendige nicht mehr finden können; der Vater kann es nicht mehr zur Verfügung stellen. Indem sie (wir können immer auch sagen: wir) vom Vaterhaus ausgehend der Mutterwelt der Materie anvertraut werden, tritt an die Stelle des festgelegten Weges die Fülle der zahllosen Möglichkeiten in der sonnenerhellten Welt. Gefahr lauert, indem die Mutter, die uns aufnehmen soll, das Hexenhafte ihres Wesens hervorkehrt, den eigentlich führenden Teil unseres Wesens bannt und unsere Seele in die Unabänderlichkeiten des Erdenlebens einbindet.

Im Brothaus des Erdenleibes waltet aber verborgen überall das Geheimnis der Wandlung – nicht nur in hexenhafter Magie, sondern auch als göttliche Erlösung. So kann die Seele im irdischen Eingebundensein zu der Erkenntnis erwachen, wie durch ihre freie Tat an die Stelle des An-die-Erde-Fesselnden das Für-den-Himmel-Befreiende treten kann. Sie kann die Hexe überwinden und den gebundenen Wesensteil befreien.

Dann wird das Brothäuschen aus einem Gefängnis zu einer Schatzgrube für den Himmel; dann finden sich darin die Schätze verwandelter Materie: Perlen und edle Steine. Ganz am Ende zeigt sich, dass unser Erdenweg, indem er aus dem Mondbereich in den der Sonne führt, Bedeutung nicht mehr nur für uns selbst hat, sondern über uns hinaus für den Himmel: Das Vaterhaus füllt sich mit Reichtum.

Und wir können bemerken: Die Tätigkeit des Menschen ist gefragt, um der Not im Himmel in Bezug auf die Ernährung der Kinder ein Ende zu setzen. Die Tätigkeit des Menschen ist aber zu gleicher Zeit begleitet, geleitet und erfüllt vom Hoffen und vom Beistand der göttlichen Welt. Dass er am Fortgang der Schöpfung mitwirken möge, das kann Gott vom Menschen wirklich nur hoffen, nicht aber für ihn tun. Dazu muss er ihn entlassen in die Freiheit und selbst ins Verborgene treten. Dazu muss er auch das Böse wirken lassen, das das Ziel in Frage stellt. Nur so kann der Mensch aus sich selbst heraus zum Mitschaffenden werden, dessen Tun nicht nur ihn selbst verändert, sondern auch dem Himmel neue Werdemöglichkeiten bereitstellt.

Geburt und Tod

Zum Schluss sei noch auf eine besondere Tatsache hingewiesen. Wo spricht das Märchen von Hänsel und Gretel eigentlich von Geburt und wo vom Tod?

So selbstverständlich ist es uns, dass der Lebensweg mit der Geburt beginnt, dass wir kaum bemerken, dass das Märchen mit seinen Schilderungen weit davor beginnt. Der Augenblick der Erdengeburt ist gekommen, als die Kinder zum Brothäuschen gelangen und von der Hexe hineingenommen werden. Das verrät ihre eigene Erwiderung auf die Frage der Hexe, wer draußen knuspere: »Der Wind, der Wind, das himmlische Kind.« Aber es gibt noch einen weiteren, verborgenen Hinweis. Würde man das Märchen auf Hebräisch erzählen, müsste man hier für »Brothäuschen« Bethlehem sagen. (Wer hätte das bei der Hexe vermutet! Wer vermutet es, wenn einem das Leben wie verhext erscheint!)

Vom Übergang über die Todesschwelle spricht das Märchen, wenn die Kinder vom weißen Entchen einzeln über den Teich gesetzt werden. (Wunderbar ist es, wie korrekt das Märchen beachtet, dass diesen Übergang jeder einzeln vollziehen muss.) Aber wie das Märchen schon weit vor der Geburt begonnen hat, so endet es nicht mit dem Tod, sondern folgt dem Weg der Kinder ins Nachtodliche hinein, zurück in des Vaters Haus.

Im Märchen werden diese beiden Begebenheiten noch in besonderer Weise charakterisiert: Es sind die Situationen, in denen die Kinder Hilfe auf ihrem Weg erfahren. Ein weißes Vöglein, das wunderschön singt, fliegt mittags vor ihnen her und führt sie aus dem weglosen Wald hinaus zum Hexenhaus. Als sie am Schluss den Weg nach Hause suchen und der am »großen Wasser« zu enden scheint, hört das Entchen auf ihre Bitte und trägt sie hinüber.

Geburt und Tod – Schwellen auf dem Lebensweg. Wie befreiend könnte es sein, so auch auf das eigene Leben schauen zu lernen, einer Zeit vor der Geburt gewiss und eines Zieles nach dem Tod, dem all unsere Mühe auf unserem Erdenweg letztlich gilt! Gerade auch in dieser Einzelheit kann das Märchen unser Empfinden weiten und für die tiefere Wirklichkeit unseres Daseins öffnen.

Von tiefen Geheimnissen, die mit unserer Inkarnation verbunden sind, erzählt uns das Märchen von »Hänsel und Gretel« in ganz einfachen Worten und sprechenden Bildern, die unser Gemüt längst in sich hineingenommen hat, wenn der Verstand immer noch an der Bedeutung dieses und jenes Details knackt.

Ihm, dem Verstand, gilt am Ende des Märchens denn wohl auch das Wort: »Mein Märchen ist aus, dort läuft eine Maus, wer sie fängt, darf sich eine große Pelzkappe daraus machen.« Klein und unscheinbar und kaum zu begreifen erscheint das Märchen. Und doch vermag es uns zu behüten und zu erwärmen in dem, was es uns mit seinen Bildern in die Herzen schreibt.

»Hans im Glück«

Warum unternehmen die Kinderseelen den Schritt in die irdische Verkörperung? Was treibt uns alle, indem wir als Kinder geboren werden, fort vom himmlischen Vater zur Erdenmutter, fort aus der Geborgenheit in die Gefahr und gerade in den bedrohlichen Zeiten in immer größeren Scharen? Warten unser hier nicht Verlust, Entbehrung, Entfremdung?

Dass dem so ist, weiß auch das Märchen zu berichten, welches hier mit seiner Weisheit zu Wort kommen soll. Es sagt: Der Weg auf die Erde ist ein Weg in die Versuchung, in die Abirrung, in die Armut, und es schildert uns diese Tatsachen ganz ungeschminkt. Es weist uns aber zugleich noch auf etwas Weiteres hin, auf das Geheimnis nämlich, das sich hinter jeder Erdenverkörperung verbirgt, mag sie sich gestalten, wie sie will. Es zeigt uns: Der Weg auf die Erde ist nicht nur ein Weg in die Armut, er ist auch ein Weg in die Freiheit, ja ein Weg ins Glück.

Hier müssen wir einen Augenblick innehalten und uns besinnen. Was bezeichnet das Wort »Glück« eigentlich? Was ist seine ursprüngliche Bedeutung?

Das Wort ist uns aus dem Mittelhochdeutschen überliefert, wo »gelücke« soviel wie Geschick, Schicksal, wohl auch die hinter dem Schicksal wirkenden Mächte bezeichnete. »Ich habe Glück« würde dann bedeuten: Ich habe mein Geschick erfahren, mein Schicksal gefunden.

Ein Kind des Glücks, der Schicksalsmächte, ist Hans; darum heißt er auch »Hans im Glück«.

Er lebt lange Zeit in der Obhut seines Herrn; das Märchen sagt: sieben Jahre lang. Doch drängt es ihn fort. »Herr, meine Zeit ist herum, nun wollte ich gerne wieder heim zu meiner Mutter, gebt mir meinen Lohn.«

Keine Gegenrede erfolgt; der Herr weiß und achtet, dass Hans zur Mutter will. Er zahlt ihn aus – mit purem Gold, einem Stück, so groß wie Hansens Kopf, nicht größer und nicht kleiner. Das trägt Hans nun auf seiner Schulter fort, wo Kopf und Goldklumpen sich – nicht nur äußerlich – den Platz streitig machen.

Wie schwer wird es unserem Hans, den Reichtum seines Herrn zu schultern! Wieviel schwerer noch dadurch, dass just, als er ein Bein vor das andere setzt, ein Reiter vorüberkommt. So leicht kann das Vorankommen sein! »Da kann man sitzen, spart die Schuh, und es geht vorwärts, du weißt nicht wie.« Das ist ein ander Ding, als einen goldbeschwerten Schritt um den anderen tun.

Der Reiter hat es durchaus nicht so eilig, dass er etwa keine Zeit fände, Hansens Selbstgespräch zu belauschen. Und siehe da, er erweist sich als hilfreicher Geselle: Er tauscht sein Pferd gegen den schweren Klumpen, den Hans »von Herzen gern« hingibt.

So hat Hans sein Gold vertan. Stattdessen sitzt er nun hoch zu Ross und meint, damit noch etwas gewonnen zu haben. Der Weg vor ihm nimmt sich bequem aus. Nur geht es ihm letztlich doch noch nicht schnell genug, und er treibt das Pferd an. »Hopp, hopp«, ruft er – und landet gleich darauf im Graben.

Die Geschichte der Menschwerdung fing auch im Paradies damit an, dass es den Menschen nach etwas verlangte, wofür die Zeit noch nicht reif war, und er es dann nicht handhaben konnte. Damals wurde zum ersten Mal auf die Erkenntniskräfte gesetzt – das Märchen spricht vom Reiter auf dem Pferd –, und es erfolgte der Fall, den wir auch heute noch, jeder für sich und mehr oder weniger heftig, nachvollziehen. Jedes Mal geht dabei etwas vom Weisheitsgold des Vaters verloren. Und doch sind wir nicht unglücklich dabei; jede kleine Erkenntnis scheint uns ein wesentlicher Schritt voran zu sein.

Hans bleibt nicht dabei, auf die Erkenntnis als sein höchstes Gut zu setzen. Das Pferd wird gegen eine Kuh, die Kuh glücklich gegen ein Schwein eingetauscht. Dabei entstehen in Hansens Kopf, der nun konkurrenzlos auf den Schultern thront, die herrlichsten Bilder des Schlaraffenlandes: Butter, Käse und Milch, Braten und Würste – nur geträumt – lassen ihm das Wasser im Munde zusammenlaufen. Was vor ihm den Weg entlangtrabt, soll letztlich in ihn hinein; in Gedanken hat er sich schon damit verbunden.

Seinen Genuss soll es steigern – doch das gerade weigert es sich zu tun. Die Kuh tritt. Das Schwein wird ihm abgeschwatzt; es soll aus Diebesgut stammen. Hans muss froh sein, es rechtzeitig gegen eine gemästete Gans eintauschen zu können. Wer das Märchen hört, kann sich an dieser Stelle des Eindrucks kaum erwehren, dass unserem Helden gerade das geschieht, wovor er sich schützen will: dass Hans just mit der Gans Diebesgut anvertraut bekommt.

Hans aber meint auch jetzt noch, den besseren Tausch gemacht zu haben. Nun denkt er nicht nur ans Essen – den Braten und das Gänsefett –, sondern darüber hinaus auch ans Schlafen: »... die schönen weißen Federn, die lass ich mir in mein Kopfkissen stopfen, und darauf will ich wohl ungewiegt einschlafen.«

Ach du Schläfer! Bist du nicht längst im Reich der Träume? Der Herr gab dir Gold, und du sehntest dich nach einem Pferd. Von diesem kamst du auf die Kuh, aufs Schwein, auf die Gans. Musst du noch tiefer schlafen?

Dem Scherenschleifer am Weg erzählt Hans freimütig von seinen glücklichen Tauschgeschäften. Wen kann es da verwundern, wenn dieser nun ebenfalls auf seine Rechnung kommen will! »Könnt ihr's nun dahin bringen, dass ihr das Geld in der Tasche springen hört, wenn ihr aufsteht, so habt ihr euer Glück gemacht«, spricht er und macht Hans glauben, dass just das Schleifgeschäft einen güldenen Boden habe.

Sollte sich das Gold, gleich am Anfang des Weges verloren, hier doch wiederfinden? Ein schadhafter Wetzstein und ein gewöhnlicher schwerer Feldstein sind die Gaben des Schleifers an Hans, der ihm überglücklich seine Gans als Gegengabe lässt.

Wie sehr gleichen sich doch die Bilder, das vom Anfang und das letzte! Wiederum muss Hans seine Bürde tragen, wiederum hat der Kopf einen Konkurrenten bekommen, wenn er sich auch mit dem Klumpen Gold des Herrn eigentlich nicht messen kann. Aber auch unser Hans ist nicht derselbe, der er am Anfang war. Er ist froh, geht »mit vergnügtem Herzen weiter; seine Augen leuchteten vor Freude«. Er meint, in einer Glückshaut zu stecken, ja ein Sonntagskind zu sein, da doch alles, was er sich wünscht, eintrifft.

Ach Hans, woher kommen sie denn, deine Wünsche? Bist du nicht ganz einfach stets auf das hereingefallen, was sich deinem Auge darbot, bist jedesmal der Versuchung erlegen? – Das Märchen teilt diese betrübliche Stimmung nicht. Es lässt das Glück frei aufklingen, ohne alle Ironie. Hans wähnt sich nicht nur glücklich; er ist es auch.

Nur eines kann dieses Glück noch steigern. Als er an den Brunnen kommt und durch ein Missgeschick die Steine ins Wasser fallen und er so von seiner neuen Bürde erlöst ist, da springt er »vor Freuden auf, kniete dann nieder und dankte Gott mit Tränen in den Augen, dass er ihm auch diese Gnade noch erwiesen«. Nun vermeint er, dass es unter der Sonne keinen Menschen gebe so glücklich als er. »Mit leichtem Herzen und frei von aller Last sprang er nun fort, bis er daheim bei seiner Mutter war.«

Natürlich lachen wir über einen solchen Helden, der sich derart hinters Licht führen lässt. Und das ist auch recht; wir haben allen Grund, Hansens Fröhlichkeit zu teilen, die ihm ja bei allem Missgeschick nicht etwa verlorenging, sondern im Gegenteil erst so recht zuwuchs. Nur überlegen sollten wir uns nicht fühlen. Es ist uns ja nicht besser gegangen als unserem Hans. Auch wir haben auf dem Weg zur Erde unser himmlisches Päcklein, mit dem wir angetreten waren, vertan. Wo ist es denn hin?

Was wissen wir denn noch von der Weisheit, die der Herr in unseren Lebensweg hineingelegt hat? Seine Gegenwart ist uns längst zum Rätsel geworden. Unser Verstand hat uns geschwind hinweggetragen, fort von ihm und hinein in den Graben. Immer verwandter sind auch wir den Erdenverhältnissen geworden. Sogar in uns hinein müssen wir sie nehmen mit der Nahrung. »Der Mensch lebt nicht vom Brot allein« – wer aber wollte ohne Brot leben! Doch ist uns das keine Not; Butter, Käse und Milch, Braten und Würste bereiten uns sogar eine gewisse Freude, mitunter gar einen rechten Genuss. Und wenn wir dann für die Sinneswelt mehr und mehr erwachen – und die Gans des Diebes ist das Märchenbild für unsere Sinne –, dann schlafen wir wohl zugleich ein – ungewiegt; dann ist die himmlische Heimat schnell vergessen, und die Erde allein scheint allen Reichtum zu bergen. Dann gilt uns die klingende Münze im Säckel mehr als alles Weisheitsgold.

Auch uns hat es fortgezogen vom himmlischen Vater zur Erdenmutter. Es war nicht nur ein Fall, sondern auch unser eigenes Sehnen, unser eigenes Hoffen und Wünschen, das sich darin offenbarte. Und recht haben wir getan und können das auch Hans nicht absprechen. Der Weg vom Vater zur Mutter ist unser Weg, und der Verlust des Goldes an die Versucher gehört dazu und lässt sich nicht vermeiden. Wir müssen aber bemerken, dass es sich gar nicht nur um einen Verlust handelt.

Hans steht am Ende der Geschichte, da ihn der Brunnen zur Erdengeburt empfängt, gar nicht nur mit leeren Händen da, wie es auf den ersten Blick erscheinen mag. Er trägt zwar das Gold nicht mehr neben seinem Kopf auf der Schulter. Aber ganz spurlos ist es auch nicht verschwunden. Es hat sich verwandelt, ist immer irdischer geworden; das Märchen sagt: erst zu einem Pferd, dann zu einer Kuh, danach zu einem Schwein, dann zu einer Gans und schließlich zu einem Feldstein. Und dann? Dann hat es sich ja noch einmal verwandelt: in die Leichtigkeit des Herzens nämlich, die aus dem Empfinden geboren ist, dass, was wir empfangen, aus Gottes Gnade empfangen ist. So bekennt Hans unter Tränen. Und es hat sich verwandelt in die Freiheit, die Hans erlaubt, fortan ganz er selbst zu sein. Frei springt er davon, heim zur Mutter, das Gold nicht mehr am Kopf, sondern in seinem Herzen.

Und noch etwas gilt es festzuhalten: Hat Hans sein Gut auch vertan – obgleich, wie ich zu zeigen versucht habe, nicht ganz glücklos –, so ist er doch all die Zeit seinem Weg treu geblieben. Hin zur Mutter wollte er, hin zur Mutter kommt er schließlich; keine Versuchung, keine Anfechtung konnte ihn auf Dauer von seinem Weg abbringen.

Indem er aber eintritt in die mütterliche Welt, tritt Hans ein in eine Welt der neuen Möglichkeiten. Denn die mütterliche, das ist die Welt, die ihn gebiert, die ihn hervorbringt. Bei der Mutter hat er gar nicht das Ende seines Weges erreicht, sondern – mit leeren Händen – den Anfang des Weges, auf dem der Hans nun heranwachsen kann zum Johannes. Sein Weg ist der Weg der

Wandlung, der Weg der Versuchung und Verarmung, aber auch der Selbstfindung.

Dem Menschen kann vieles verlorengehen; übrig bleibt immer er selbst. Das aber ist unendlich viel. Es ist das Geheimnis der Mutter Erde, dass sie auserwählt ist, der Ort zu sein, wo unser Eigenstes uns erwartet, wo wir es erringen können. Hier wird das Verlorene aufs Neue geboren, hier wird das göttliche Geschenk zu frei erworbener Fähigkeit, frei erworbener Tugend, frei erworbenem Menschsein.

Wir ahnen, was uns dazu treibt, geboren werden zu wollen, zu diesem Schritt fort aus der Geborgenheit des Vaters in die Gefahr – trotz Verlust, trotz Entbehrung und Entfremdung. Verlust, Entbehrung, Entfremdung – sie sind Schritte auf dem Weg, auf dem das Gold des Himmelsherrn sich wandelt in menschliches Sein, Schritte auf dem Weg zu uns selbst durch uns selbst, Schritte der Verwandlung.

Nicht nur dumme Hansel sind wir, sondern auch diejenigen, welche einst erwachsen sein werden zum Johannes. »Gott ist Gnade« – das ist die Übersetzung des Johannesnamens. Gott ist Gnade, das ist das Goldgeheimnis in jedem Verlust, den wir erleben, in jeder Verarmung, die uns mehr auf uns selbst stellt – so lange, bis schließlich gar nichts mehr da ist, für das wir etwas eintauschen könnten, als nur wir selbst – und der uns eingezeichnete kommende Mensch, der Menschensohn. Er ist der Reichtum, den wir auf Erden erwerben wollen und den wir selbst als göttliches Gnadengeschenk hineintragen in unser Erdenleben, aus der Welt des Vaters in die Welt der Mutter, auf dass er hier geboren werde.

»Der treue Johannes«

Wir werden von dem Märchen gleich am Anfang in eine entscheidende Übergangssituation hineingeführt: Der alte König liegt krank darnieder und wird sterben. Da ruft er seinen getreuen

Diener Johannes und trägt ihm auf, sich um seinen Sohn, der noch jung ist, zu sorgen. Das verspricht ihm Johannes, worauf der König in Frieden stirbt; in Frieden, weil er weiß, dass Johannes ihm weiterhin treu verbunden sein wird, das heißt aber, dass er selbst, der Vater, durch den Diener seinem Sohn nahe sein kann.

Nachdem die Zeit der Trauer vorüber ist, führt Johannes den jungen König durch das väterliche Schloss und zeigt ihm all den Reichtum, der ihm vererbt worden ist. Den König aber interessiert nichts so sehr wie gerade das, was ihm nicht gehören soll. Da gibt es eine Kammer, welche immer verschlossen bleibt – und Johannes hat guten Grund dazu, sie vor dem Jüngling zu verbergen. Aber gerade diese Kammer will der König natürlich sehen, als fühle er, dass neben allem Gefährlichen hier auch die Zukunft auf ihn warte.

Als Johannes die Tür schließlich öffnet, steht der junge König dem lebendigen Bild der Königstochter vom goldenen Dach gegenüber, welche so schön ist, dass er ohnmächtig zu Boden fällt und, nachdem er seine Sinne wiedererlangt hat, an nichts anderes zu denken vermag, als wie die Königstochter zur Frau zu erlangen sei.

Nun hätte Johannes im bürgerlichen Sinn gewiss das Recht gehabt zu sagen: »Ich habe dich gewarnt, aber du hast nicht darauf hören wollen. Nun sieh zu, wie du selber fertig wirst!« Doch das tut er nicht. Dass mit dem Tod des Königs die Vaterwelt untergehen und die Welt des Sohnes aufgehen müsse, ist ihm schon deutlich, und dafür will er Diener sein.

Johannes weiß guten Rat, den er dann in ebenso gute Tat umzusetzen versteht. Er macht den Königssohn darauf aufmerksam, dass dieser ja bereits über etwas verfügt, das ihn in Beziehung setzt zu der ersehnten Königstochter. Diese liebt goldene Dinge über alles. Nun, der Königssohn besitzt – noch von seinem Vater her – fünf Tonnen Gold, von denen er eine auf den Rat des treuen Dieners hin zu allerlei Gerät und Figuren schmieden lässt. Dann werfen sich die beiden in Kaufmannskleider, besteigen ein Schiff und fahren ins Reich der Königstochter vom goldenen Dach.

Aber wer meint, hier würde die Liebe der Holden erkauft, der irrt. Weder ist Liebe käuflich, noch ist Gold ein Handelsobjekt. Im irdischen Handeln hat vielmehr eine Beziehung ihr Abbild gefunden, die selbst ganz anderer Natur ist.

So zeigt sich im Märchen denn bald, dass tatsächlich die goldenen Dinge das Schiff gar nicht verlassen, wenn sie der Königstochter auch dargeboten werden. Im Gegenteil! Die Königstochter folgt aus Liebe zum Gold dem Diener auf das Schiff, welches heimlich ablegt, während die Schöne noch ganz versunken ist in den Anblick der wunderbaren goldenen Gegenstände.

Es ist ein Reichtum hingegeben worden, und ein Wesen hat sich damit verbunden, und so ist das Hingegebene schließlich noch mehr als zuvor – das ist der Vorgang, der sich hier abspielt und der nur als ein »Opfer« bezeichnet werden kann. Der zu diesem Opfer anleitet, ist der treue Johannes. Was der alte König bereits vor seinem Tod vorausgesehen hat – denn schließlich hatte er selbst doch das Bild in jener Kammer seines Schlosses, welches er dem Sohn vererbte, zumindest geduldet –, das ist also eingetreten; eine Gefahr aber hat es nicht gegeben.

Doch jetzt droht sie. Und da zeigt sich, dass auch der Vater weiterhin Anteil nimmt an dem Wohlergehen des Sohnes. Johannes trägt dessen Walten in das Leben des Sohnes hinein.

Wiederum sind sie auf dem Schiff. Die Königstochter ist zufrieden, die Braut des Königssohnes zu sein, da er ihr nicht nur sein Gold, sondern auch seine Liebe schenkt. Man nähert sich dem Reich des jungen Königs. Wie verändert aber erscheint es jetzt! Vor dem Aufbruch zur Reise ins Land der Königstochter vom goldenen Dach war alles friedlich und nach dem Rat des treuen Johannes gelaufen. Jetzt lauern plötzlich Gefahren: Versuchung, Zerstörung, Tod.

Das kann uns an eine Schwelle im Leben denken lassen, die auch wir in unserem Reich nicht überschreiten können, ohne versucht zu werden. Es ist die Schwelle von der Kindheit zur Jugend, d.h. der Lebensabschnitt, in dem unser höheres Wesen sich mit dem Erdenwesen verbindet. Wir begegnen dieser hier auftretenden Gefährdung, indem wir den Jugendlichen konfirmieren, d.h. die mit der Taufe in ihm veranlagte Segenskraft erneuern und beleben. Was uns auf Erden als Leiblichkeit, auch als Lebens- und Seelenleiblichkeit, erwartet, ist geprägt vom Sündenfall und nicht von sich aus ohne weiteres bereit, eine menschliche Entwicklung zu garantieren. Verlockungen, Versuchungen, auch Hemmnisse und Abirrungen sind ihm eingeprägt. Sonst wäre das Menschwerden ein rein natürlicher Vorgang. Das ist es aber nicht; wenn wir nur rein unserer Natur folgen, dann werden wir alles mögliche, bloß keine Menschen.

Johannes auf dem Schiff lauscht dem Gespräch dreier Raben. Wir dürfen in ihnen Boten des alten Königs vermuten, denn als Geistboten tauchen diese Vögel immer wieder in den Märchen und Sagen auf. Sie weisen auf die Gefahren hin, die auf den Königssohn warten, sobald er ans Ufer kommt, und darauf, wie sie zu überwinden sind. Da ist zum Ersten das fuchsrote Pferd, das, wenn der Königssohn es besteigt, ihn forttragen wird in die Lüfte. Da ist zum Zweiten das Brauthemd, das ausschaut wie aus Gold und Silber gewirkt, in Wirklichkeit aber nur Pech und Schwefel ist und den Königssohn verbrennen wird. Als Drittes – wie könnte es anders sein – droht die Gefahr, dass beim Hochzeitstanz die Braut tot umfällt.

Auf all dieses ist Johannes nun vorbereitet und kann im rechten Augenblick hilfreich eingreifen. Damit begibt er sich allerdings selbst in eine Gefahr. Denn wenn er ausspricht, was er da tut, so wird er selbst den Tod erleiden. Das muss man sich dann im Märchen einmal in den Einzelheiten anschauen. Hier soll nur festgestellt sein: Was da im Märchenbilde als Lebenshilfe vor uns steht, kann uns an den Vollzug der Taufe, wie er in der Christengemeinschaft geübt wird, erinnern.

Das Seltsame ist ja, dass der Mensch, solange er denkt, fühlt und will, noch gar nicht recht Mensch ist, sondern erst, wenn diese Seelenqualitäten in die rechte Beziehung zueinander treten, genauer: wenn das Denken liebevoll, mitfühlend wird, das Empfinden mutvoll, der Wille zielgerichtet, der Führung des Denkens unterstellt. Darum wird das Kind auf der Stirn, dem Pol des Denkens, mit dem Wasser gesegnet, darum auf dem Kinn als dem Willenspol mit Salz getauft, darum auf der Brust als dem Zentrum des Empfindens mit Asche gezeichnet.

Johannes vollzieht, was zum Guten des Königs zu tun ist, ohne darüber zu sprechen. So kann die Hochzeit stattfinden. Aber der König, der das Handeln seines Dieners nicht begreifen kann, weil er den Quell dieses Handelns nicht kennt, verurteilt ihn zum Tod und zwar einen Tag nach der Hochzeit. Bedenken wir einmal diese Situation! Das Wesen aus dem höheren Reich ist in das Reich des Königs eingezogen und hat sich mit ihm, durch die Hilfe des Johannes, verbunden. Nun fällt das Todesurteil über den Diener. Dieser kann zwar, als er unter dem Galgen steht, noch seine Unschuld beteuern und sogar belegen, aber doch nur, um damit einen anderen Tod zu sterben, den des Versteinerns. Der Tod ist nach der Hochzeit, so scheint es, unabdingbar.

Der, welcher bisher dafür gesorgt hatte, dass die Kräfte, die Weisheit des Vaters um den Königssohn herum waren, ist nun zum Denkmal geworden, anschaubar, aber unverständlich, vorhanden, aber wirkungslos. Und auch dieses hat seine wichtige und weiterführende Bedeutung. Denn erst dadurch ist der König ganz auf sich selbst gestellt und gerade dadurch wird ihm der Wert seines Dieners so recht bewusst. Und noch mehr! In seiner Not wird er plötzlich hellhörig dafür, wie er selbst zur Wiederbelebung des treuen Johannes beitragen kann: Er opfert sein Liebstes, seine Zwillingssöhne. Als das geschieht, kann Johannes wieder leben und seinerseits die geopferten Kinder wiederbeleben.

Wessen Geschichte wird uns da eigentlich erzählt? Sie wird zwar die Geschichte vom »Treuen Johannes« genannt, aber dieser tritt nur in der dienenden Rolle auf. Die Hauptperson ist der Königssohn, der durch sein Begehren, seine Unerfahrenheit und Hilflosigkeit, schließlich durch sein Urteil dafür sorgt, dass das

Märchen sich ereignet. Johannes aber wird nur tätig, um hier zu helfen, das Unglück abzuwenden. Er tritt auf als der Bewahrer des väterlichen Reiches, das er weisheitsvoll in die Regentschaft des Sohnes überführt, bis er selbst sein Leben hingeben muss. Und doch ist es ganz seine Geschichte. Im Dienen gerade erfüllt er seinen Schicksalsauftrag.

Das Märchen, indem es von Johannes erzählt, sagt: Ihr tragt ihn alle in euch: denjenigen, der noch etwas von der väterlichen Weisheit bewahrt hat und den Menschen daraus dienstbar sein kann, denjenigen, dessen eigentliche Erfüllung es ist, dienen zu können, der über das höhere Wesen des anderen zu wachen versteht und ihm zu Hilfe eilt, wenn es Not tut, denjenigen, der schließlich auch die Führung abgibt, wenn die Zeit dafür gekommen ist, um zurückzutreten in die Untätigkeit, bis sein Dienst aufs Neue und unter neuen Umständen gefragt ist.

Was wir da so vor uns hinstellen, charakterisiert eigentlich die Aufgabe des Paten, die wir ja auch aus dem Zusammenhang der Taufe kennen. Ein jeder von uns kann um die Übernahme des Patenamtes gebeten werden, denn tatsächlich lebt in jedem Menschen noch ein höheres Wissen, das dem anderen beistehen kann. Wir können Rat geben, wo wir für uns selbst ratlos sind, wir können helfen, wo wir selbst der Hilfe bedürften, wir können führen, obwohl wir selbst des Führers nicht entbehren mögen. Seltsam stehen wir so vor uns: groß für den anderen, klein vor uns selbst.

Damit ist das Geheimnis unseres Menschseins ausgesprochen; dieses beschränkt sich nicht nur auf uns, sondern steht in Beziehung zu den anderen. Wir tragen in uns einen Johannes, der dem Menschen dienen will, das Schicksal zu meistern und Träger des höheren Wesens zu werden.

»Die zwei Brüder«

Am Anfang gibt es zwei Möglichkeiten: Reich und arm sind die Brüder, die da auftreten. Der reiche ist ein Goldschmied, der arme nährt sich vom Besenbinden. Schon aus diesen Angaben können wir schließen, dass der Goldschmied keine Kinder haben kann, denn er stellt etwas Seiendes dar. Das macht ihn reich, aber auch klug und listig – und böse.

Es mag uns seltsam anmuten, dass ein Goldschmied im Märchen böse sein soll, hat doch das Gold die Beziehung zur Sonne. Hier aber wird es selbstsüchtig gebraucht, um Anschein zu geben. Es darf sich nicht mehr verströmen und verliert so den Zusammenhang mit seinem himmlischen Ursprung. Beharren auf Altem macht reich, schließt aber ein Werden aus. Denn Werden verlangt gerade, dass man immer wieder bereit ist, alles Erworbene zurückzulassen, sich neu auf die Suche zu begeben, d.h. immer wieder arm zu werden.

Die Welt, die der Schauplatz des Menschwerdens ist und den Reichtum des Menschenmöglichen in sich birgt, stellt sich dem Suchenden zunächst als dürres, undurchschaubares Land dar, in welches Ordnung erst zu bringen ist – der Wald, von dem der Besenbinder lebt.

So zeigt sich an dem Brüderpaar die Polarität von fortschreitenden und retardierenden Kräften, in deren Auseinandersetzung hinein die Zwillinge geboren werden.

Die Kinder des Armen haben aber noch Zugang zur Welt des Goldschmieds; dort finden sie jedoch nur Abfälle. Die alte Menschenweisheit lebt zwar noch fort in den Kindern, kann sich aber nicht mehr als tragfähig erweisen. Die neue Weisheit, das in dieser Zeit notwendige Gold, wird in der dürren Erdenwelt gefunden; dort lebt es wie ein unerwarteter, überraschender Gast – der goldene Vogel.

Den goldenen Vogel findet der Arme und fängt ihn schließlich; der Reiche aber kennt sein Geheimnis. Doch er kann keinen Anschluss daran finden. Nur den Kindern wird das Geheimnis dieses Goldvogels im Traum geschenkt, nicht mehr den Erwachsenen. Als die Zwillinge zu Jünglingen herangewachsen sind, spielt der Golderwerb im Schlaf allerdings keine Rolle mehr. Das Gold verwandelt sich offenbar bei ihnen – vielleicht in Herzensmutigkeit.

Der Goldschmied hat nicht ganz unrecht, wenn er den armen Bruder warnt: »Deine Kinder sind mit dem Bösen im Spiel«, denn was in früheren Zeiten gut und richtig war – dass man die Weisheit praktisch im Schlaf fand –, ist heute unzeitgemäß, und tritt es auf, so wirkt darin eher der Widersacher als die göttliche Welt des Guten.

Wie aber im »Faust« der Widersacher sich selbst charakterisieren muss als diejenige Macht, »die stets das Böse will und stets das Gute schafft«, so sorgt hier der Goldschmied ebenfalls in böser Absicht dafür, dass die Kinder den rechten Weg finden. Sie werden ausgesetzt in den Wald, jenen Bereich, in dem der goldene Vogel hauste, den Bereich, von dem sich der Arme bereits notdürftig ernährte, der seinen wahren Reichtum aber erst den Kindern erschließen wird.

Der Jäger nimmt die Zwillinge auf. Die Tatsache, dass jeden Morgen ein Goldstück unter dem Kopfkissen der Kinder liegt, wird kaum beachtet. Sie erlernen das Jägerhandwerk, d.h. die Kunst, ein Ziel ins Auge zu fassen und treffsicher zu handeln. Im Gegensatz zum Erwerb der Goldstücke, der im Schlaf geschieht, ist die Jägerei eine tagwache Bewusstseinsangelegenheit. Dass es keine gewöhnliche Kunst ist, die die Kinder erlernen, zeigt sich beim Probeschuss. Ihre Fähigkeit reicht hinauf in den Himmel. Sie finden den Anschluss an himmlische Gegebenheiten: Sie schießen die weißen Vögel.

Diese himmelstürmende Fähigkeit muss sich dann in der Welt bewähren. Das ist ja das Eigenartige, was uns immer wieder irritieren mag: dass wir unser Menschsein, unsere Begabungen in der Welt erproben und erringen müssen. Erst was wir der Welt sind,

sind wir auch in unserem Wesen. So zeigt sich die neue Meisterschaft der Zwillinge als Beginn eines Weges.

Der Ausbildung des Verstandes, der geistigen Möglichkeiten des Menschen, dienen die drei Gaben des alten Jägers: Büchse, Hund und Messer. Die Treffsicherheit der Erkenntnis ist ihnen anvertraut in der Büchse; die Sicherheit, den richtigen Weg zu finden, mit dem Hund; die Ichkraft, die im Eisen des Blutes wirkt, mit dem Messer.

Das Messer erschließt uns nun noch ein neues Geheimnis des Märchens, welches im Fortgang der Geschichte zum Tragen kommen wird. Es ist ja zweiseitig. So hat das Ich des Menschen selbst eine Doppelnatur, eine himmelsverwandte und eine erdzugewandte Seite, die zueinander gehören und doch auch unabhängig voneinander erscheinen. Wo der Erdenmensch stirbt, da rostet das Messer. Interessanterweise wird nur der eine der Brüder, der ältere nämlich, von den Gaben des Jägers Gebrauch machen, sowohl von der Büchse als auch von dem Messer.

Ganz in den Hintergrund tritt der Hund. Er wird im weiteren Verlauf des Märchens nicht wieder genannt. Lebt seine Kraft vielleicht in der Sicherheit, mit der der »Jüngste« seinen Weg findet? An anderer Stelle werden wir noch einmal an seine Existenz denken müssen.

Jetzt schildert das Märchen, wie die Brüder, die nun als Jugendliche vorzustellen sind, die Tiere erwerben: Hase und Fuchs, Wolf, Bär und Löwe. Immer wilder werden die Gesellen, mit denen sie sich verbinden, die sie aber auch beherrschen. Das Naheliegende auch für die Jäger wäre es, die Tiere zu töten. Das Menschenkönigtum kann aber nur erworben werden, wenn die tierischen Kräfte im eigenen Wesen verwandelt werden; dann werden sie zu Helfern des Menschen.

Wie diese Verwandlung geschieht, wird deutlich, als die Jäger Hunger leiden und den Fuchs zum Führer erwählen: Er ist der Hühnerdieb. Doch gebrauchen sie seine Schlauheit nicht, um nun selbst zu stehlen, sondern sie folgen ihm in die Dörfer und kaufen, was sie brauchen.

So wächst der Mensch allmählich heran. Das Erden-Ich verbindet sich mit dem Leib. Für die Brüder im Märchen heißt das, dass sie sich trennen müssen. Was wir am Messer, welches nun in Funktion tritt, schon angedeutet haben, wird auch für die Zwillinge Wirklichkeit: Der eine zieht in die Welt – nach Westen –, der andere bleibt dem Ursprung verbunden, zieht gen Sonnenaufgang, nach Osten. Es ist der Weg dessen, der nach Westen zieht, den wir nun begleiten; die Rettung wird von dem Bruder aus dem Osten kommen, der im rechten Augenblick nach dem Messer schaut.

Das Messer wird bei der Trennung in den Baum gestoßen. In diesem Prozess wird anschaulich, wie das Erden-Ich selbst sich mit dem Erdenleib verbindet, wie es hineinstößt in das Lebensgefüge des erwachsen werdenden Menschenleibes und dabei seine Trennung vom Himmels-Ich erfährt, jenem höheren Teil unseres Wesens, das uns als Genius überschattet. Notwendigerweise hat das für das Ich, das erdverbunden ist, für den Bruder, der nach Westen zieht, die Begegnung mit dem Tod zur Folge: Er kommt in die schwarzverhängte Stadt.

Doch ehe wir seinen Weg weiterverfolgen, sei auf ein ganz verborgenes Motiv hingewiesen: Das Märchen spricht jetzt von dem »Jüngsten« und wird auf dieser Form beharren, die eigentlich falsch ist, wenn wir nur auf zwei Brüder schauen. Bei Zweien ist einer älter, der andere jünger; um einen jüngsten zu haben, muss es mindestens drei Brüder geben. In dem Augenblick, da Himmels-Ich und Erden-Ich sich voneinander trennen, tritt unbemerkt ein Dritter herzu: der Menschenbruder. Das Märchen sagt: Er ist da; wo die Gefahr wächst, tritt er leise mit in das Geschehen ein.

Jetzt also findet der eine Zwilling den Weg in die Menschenwelt: in die Stadt, wo ihn der Wirt aufnimmt, jener Geselle, der sich um das leibliche Wohl des Menschen zu kümmern hat. Die irdischen Realitäten treten in ihre Rechte ein. Diese irdischen Realitäten aber tragen bereits die Spuren des Todes. Die Stadt ist schwarz verhangen, denn sie ist überragt von einer gewaltigeren, bedrohlicheren Realität: dem Drachenberg.

Der Drache stellt das Menschwerden in Frage, will es in die Todessphäre hinein verhärten. Wo das Werdegeheimnis in Unschuld geborgen ist, tritt er auf. Er bekämpft die Menschen, indem er von ihnen fordert, ihr Werden entweder ganz aufzugeben – ihm die Jungfrauen zu geben – oder aber sich von ihm vernichten zu lassen.

Jetzt ist die letzte Jungfrau gefordert. Aber wiederum gilt, dass die böse Macht da ist, um dem Guten zu dienen: So ist auf dem Drachenberg auch eine kleine Kapelle angesiedelt, und in der ruht das Schwert, das den Drachen bezwingt. Wer den Drachen aber bezwingen kann, erlangt das Königtum des Menschen, wird der Behüter des Menschwerdegeheimnisses, erwirbt die jungfräuliche Prinzessin.

Der Jäger misst seine Kraft, die um jene aus den drei Altarbechern gestärkt ist, mit der des Drachen. Welch seltsame Gegner stehen sich hier gegenüber: hier sieben Köpfe, dort sieben Köpfe, hier in wütendem Zorn, dort in kühner Beherrschtheit. Ja, die gezähmten Tiere helfen dem Jäger zum Sieg, jene fünf, die er im Wald gefunden, und doch wohl auch der Hund, von dem nicht mehr gesprochen wird, auf den das Kompositionsgeheimnis hier jedoch verweist. Der siebte Kopf ist der des Jägers selbst.

Den Drachen aber charakterisiert das Märchen überhaupt als Kopfwesen, indem es sagt, dass der Jäger ihm sechs Köpfe abschlägt und dann – den Schweif. Der siebte Kopf, so wird damit unterstrichen, ist der Drache im eigentlichen Sinn; ihm wird der Schweif abgeschlagen.

Mit diesem Sieg ist die Prinzessin gerettet, die sich sogleich mit dem Jäger verbindet, sich an ihn kettet: mit der Halskette aus Korallen. Im Lebensbereich findet die Verbindung statt – in den Tiefen des lebendigen Meeres sind die Korallen gewachsen. Im Herzen aber wird der Bund beschlossen – das goldene Schloss bekommt der Löwe. Der Jäger selbst erhält das Taschentuch mit ihrem Namen, ein feines Gewebe also, in das ihr Schicksal eingeprägt ist.

Doch dieser tiefe Bund kann zunächst nicht tragen; noch hat der Jäger nicht die notwendige Wachheit dafür. An seine Stelle tritt der Marschall, der, da er den Drachen ja nicht getötet hat, nur äußerlich die Stellung des Jägers beanspruchen kann. Das Königtum, auf das ein Anspruch erworben worden ist, muss auch ergriffen werden. Aber der Jäger läge tot, wenn sich ihm nicht aus den Tiefen ein neues Leben erschließen würde: Die Tiere schenken ihm die Lebenskraft, derer er nun bedürftig ist, und sorgen auch dafür, dass er die wahre Richtung seines Weges wieder findet.

Es vergeht eine Zeit – das Märchen spricht von einem Jahr –, ehe der Jäger in die Lage kommt, den neuen Bereich, den er sich selbst erschlossen hat, auch zu ergreifen. Als er dann wieder in die Stadt kommt, zeigt diese schon die Spuren der Auferstehung. Seine eigene Hochzeit ist, für ihn selbst noch nicht bewusst, angezeigt.

Nun schildert das Märchen in großer Ausführlichkeit und mit Freude am Fabulieren, wie der Mensch mit Hilfe der dienstbar gemachten Tierkräfte sein Königtum ergreift, um schließlich schon als königlich Gekleideter die Prinzessin zu empfangen. Ein Menschsein, das das Königtum fordert, ohne den Drachen besiegt zu haben, ist dem Untergang geweiht: Das Leibesgefüge wird von den tierischen Kräften zerrissen. So ergeht es dem Marschall, der viergeteilt wird. Ist das Märchen damit nicht zu Ende? Der Jäger ist König geworden und hat die Prinzessin zur Frau bekommen. Alles ist gut.

Nein, sagt das Märchen, ein Sieg reicht nicht aus. Hat sich die Geisteswelt erschlossen, so muss sie auch erkannt werden. Der Mensch muss lernen, sich in ihr zurechtzufinden. Also macht sich der König aufs Neue auf die Jagd, diesmal nach einem ganz wunderbaren Wild: der weißen Hirschkuh.

Wir dürfen uns durch den Fortgang der Geschichte nicht in der Beurteilung dieses Tieres verwirren lassen. Die weiße Hirschkuh ist nicht etwa eine Verbündete der Hexe, ausgesandt, um den Jäger zu verführen; sie ist tatsächlich das Wild, welches er nun jagen muss. Der Hirsch taucht in der Hubertussage als Kreuzträger auf: Zwischen seinem Geweih leuchtet das Lichtkreuz Christi. Das Geweih sagt über das Wesen des Tieres Bedeutsames aus. Es ist nicht einfach ein Hautauswuchs, sondern es wird durchblutet und gehört also zum Kreislauf hinzu. Erhöhte Lebenskraft, einem Höheren entgegengebracht, ist das Geweih in seinem Symbolgehalt.

Christuserfülltes Leben ist das Ziel des Jägers, der die Hirschkuh jagt, also das Tier, welches den Träger dieses höheren Lebens hervorzubringen vermag. Wir kennen aber die Gefahr, in die man bei dieser Jagd gerät: dass man nicht mehr zu unterscheiden weiß zwischen Alt und Neu, dass man dem Alten vertraut, wo ganz neue Kräfte nötig sind.

Alte Zauberkräfte versinnbildlicht die Hexe im Baum. Sie ist den verwandelten Lebenskräften, die uns in den Tieren entgegentreten, feindlich gesonnen; sie sind ihr gefährlich. Sie kann nur bestehen, wo jene getötet werden. Wo aber ihre Kraft wirkt, kann kein Durchblick die neue Welt erhellen, das werdende Menschenwesen fällt in Todesschlaf.

Aus diesem Todesschlaf mitten im Leben vermag nun der himmlische Bruder zu befreien, die andere Seite unserer Existenz. Er trägt dafür Sorge, dass die erdzugewandte Seite unseres Wesens nicht erstirbt, das Messer im Baum nicht ganz verrostet. Auch dieser Bruder setzt dem himmlischen Wild nach, muss aber, an den Bruder gebunden, da aufgeben, wo jener strauchelte. Doch er vermag die Hexe zu durchschauen, holt sie vom Baum, nötigt sie, die Wesen aus dem Todesschlaf ihres Bannes zu befreien, und überantwortet sie dann dem Feuer. Als die Hexe überwunden ist, öffnet sich auch der Wald, und die Brüder finden ihren Weg.

Aber noch einmal droht Gefahr – und wird immer wieder drohen, weil der Drachenkampf für den Menschen eine Angelegenheit ist, die er immer wieder aufs Neue unternehmen muss: Aus Eifersucht erschlägt der »Jüngste« seinen himmlischen Bruder, d.h. er macht sich von ihm frei, will nicht mit ihm teilen, will ihn nicht teilhaben lassen an seinem Schicksal. Doch wird er sich seines Unrechts zum Glück schnell bewusst, und was ihm selbst einmal neues Leben gegeben hat, das wirkt nun auch für den Bruder: Aus den verwandelten Tierkräften erhält er neues Leben. Wie sehr Erden- und Himmels-Ich einander gleich geworden sind, zeigt sich am Schluss der Erzählung, als die Prinzessin ihren Gemahl nur am Schloss des Löwen erkennt. Wir können – mehr scherzhaft – ja einmal annehmen, dass die Brüder, um die Täuschung vollkommen zu machen, vielleicht auch das Schloss ausgetauscht haben. Dann wüsste die Prinzessin gar keinen Unterschied mehr zu nennen. Sie sind einander gleich geworden. Auf Erden lebt das wahre Abbild des Himmelsbruders.

So brauchen wir uns auch nicht zu grämen, dass der ältere Bruder jetzt plötzlich wieder verschwunden ist; im jungen König lebt er doch zugleich fort.

Das Märchen stellt uns also zunächst in den Gegensatz hinein zwischen alter, böser Intelligenz und neuer Werdekraft aus einem Vertrauen in die dürre Außenwelt, die tatsächlich das Goldgeheimnis birgt. Dieses wirkt aber fortan nicht mehr als reich machender Besitz, sondern als Herzensbegabung, die dazu führt, dass der Werdende sein Menschentum im Kampf einsetzt und es dadurch erst wahrhaft erringt bis hin zum Königtum. Derjenige kann den Drachen bezwingen, der in sich selbst die Tiergewalten beherrscht. Im Kampf aber steht der Mensch nicht allein, sondern ihm kommt Hilfe zu, vermittelt durch das himmlische Wesen, das ihn brüderlich begleitet und dem er immer ähnlicher wird. Zugleich lebt dort, wo auf diese Doppelheit des Menschenwesens hingeschaut wird, stets das Geheimnis des Dritten, der leise und selbstverständlich an den Menschen herantritt, wo sein Erdenweg besonders gefahrenreich erscheint.

»Der junge Riese«

Eine der merkwürdigsten Erfahrungen, die mit dem Menschsein zusammenhängen, ist die, dass man mitunter sich selbst gegenüber den Eindruck gewinnen kann: »Das bin ich ja gar nicht. Im Grunde genommen bin ich ein ganz anderer.« Viele Dichter sprechen von diesem Erlebnis. Natürlich wissen wir, dass dieses Erlebnis so nicht gültig zu deuten ist, dass wir es sind – auch in Augenblicken, wo wir es nicht wahrhaben wollen. Damit lässt sich aber jenes erstgenannte Erlebnis nicht beiseite wischen; auch dieses ist real und deutet auf eine Wirklichkeit hin.

Diese Wirklichkeit ist, dass ich gar keine einheitliche Persönlichkeit bin, sondern eine zusammengesetzte: die eine, die ist, und die andere, die versucht, dem zu entsprechen, das zu werden. Vom höheren und vom niederen, vom himmlischen und vom irdischen Ich kann man da sprechen. Aufgabe des Erdenlebens ist es, dem höheren Ich mehr und mehr Zugang zu gewähren, das niedere Ich immer mehr zum Träger des höheren werden zu lassen. Auf das naturgegebene Menschsein möchte das Ich sein von ihm persönlich bewusst ergriffenes und zielvoll ausgerichtetes Werden bauen.

Davon weiß auch das Märchen. Es kennt sowohl die unbewusst wirkenden naturgegebenen Kräfte, die der Verstand des Menschen nicht erfassen kann, als auch die Verstandeskraft, die jenen unbewusst wirkenden Kräften entgegentritt. Die einen nennt es Riesen, die andere Däumling oder – Schneider. In dieser Gegenüberstellung wird augenfällig, dass es sich im Übergang aus dem Unbewussten ins Bewusstsein nicht einfach um eine Verschiebung der Wirkensebene handelt, sondern zunächst auch um einen Kraftverlust; selbstverständlich ist der Riese viel stärker als der Schneider oder eben der Däumling. Der hingegen hat ihm das enorme Selbstvertrauen voraus, aus dem er dann auch so manches meistern kann, was man an sich gar nicht für möglich gehalten hätte. Die Komik, die Heiterkeit, welche den Schneider-

und Däumlingmärchen eigen ist, liegt also in der Sache selbst begründet, darin, dass sich da ein Winzling mit einem Starken misst.

Nichts anderes aber tut der Mensch heute, indem er seine Verstandeskräfte mobilisiert. Der Weg für die Gotteskräfte muss heute mehr und mehr durch den freien Willen des Menschen bereitet werden, er geht nicht mehr am Bewusstsein vorüber. Hinter all unserem Bemühen, hinter all unserem Ringen und Scheitern, hinter all der Tragödie, die unser Leben mitunter darstellen mag, können wir doch auch ein leises Schmunzeln ahnen, das das Märchen auch uns möglich macht, das Schmunzeln über den Kleinen, der sich mit den überwältigenden Kräften anzulegen wagt und dabei auch noch Erfolg hat.

Wie eng der Bezug ist zwischen Riesenkraft und Däumlingwirksamkeit, wird deutlich in dem Märchen »Der junge Riese«. Dieses Märchen beginnt, ähnlich wie »Daumesdick«, mit der Bemerkung: »Ein Bauersmann hatte einen Sohn, der war so groß wie ein Daumen und ward gar nicht größer und wuchs in etlichen Jahren nicht ein Haarbreit.«

Dass just die Bauern solch kleine Kinder zur Welt bringen sollen, kann uns als erstes verwundern. Der Bauer ist doch derjenige, welcher in ganz besonderer Beziehung steht zu den unbewussten Wachstumskräften, denen er jahrein, jahraus die Samen anvertraut, indem er sie ausstreut. Das Wachsen geschieht dann ganz von allein. Im Umgang mit der Erde entsteht die Möglichkeit, dass etwas ganz Neues in die Welt hineinkommt: ein solch kleiner Winzling, den selbst der Bauer nicht recht ernst zu nehmen vermag, weil er in dem ihm bekannten Bereich »zu nichts nutz« ist. Solchen Bescheid gibt der Vater dem kleinen Sohn, als dieser mit hinaus aufs Feld will. Der Kleine aber wäre nicht die Verkörperung jener neu sich regenden Verstandeskraft, wenn er sich damit bescheiden würde; er erreicht, dass er auch gegen den Willen des Bauern mit aufs Feld kommt.

Dort auf dem Feld ereignet sich nun etwas höchst Bemerkenswertes: Ein Riese kommt daher, nimmt den Kleinen auf, betrachtet ihn und geht, ohne ein Wort zu sprechen, mit ihm fort. Eine Einzelheit: der Vater wollte das Kind mit dem »großen Butzemann« erschrecken; am Ende aber ist er selbst es, der »vor Schrecken keinen Laut hervorbringen« kann.

»Der Riese aber trug« das Kind »heim und ließ es an seiner Brust saugen, und der Däumling wuchs und ward groß und stark nach Art der Riesen.« Dreimal führt der Riese seinen Zögling dann in den Wald – alle zwei Jahre –, um seine Kraft zu erproben. Als der Junge endlich nach sechs Jahren »den dicksten Eichbaum aus der Erde« reißen konnte, darf er wieder heimgehen.

Hier also deutet das Märchen selbst auf die Beziehung, ja die Verwandtschaft zwischen Riese und Däumling. Sie gehören zusammen wie Tag und Nacht, sich widersprechend und zugleich eine Einheit bildend. Die Kraft des Riesen muss der Däumling erwerben, um zu dem heranwachsen zu können, was er sein kann.

Der »junge Riese«, wie der frühere Däumling fortan genannt wird, findet den Vater wieder auf dem Feld beim Pflügen. Der Vater aber erkennt seinen Sohn schier nicht wieder und will nicht, dass er die Arbeit von ihm übernimmt. Der Junge aber setzt sich durch und pflügt nun in einer Weise, die dem Bauern ganz falsch erscheint. Der Druck seiner Hand war nämlich »so gewaltig, dass der Pflug tief in die Erde ging«. Hier wird nicht nur oberflächlich gekratzt, hier wird tief eingegriffen und verändert.

Dieser »Daumesdick« lässt es sich auch nicht damit genügen, die Pferde zu führen, sondern er »zog selber den Pflug«. Wir bemerken, dass es nicht einfach ein Erwachen der Verstandeskräfte ist, was uns hier geschildert wird, sondern zugleich ein Tätigwerden aus diesen Kräften heraus. Damit aber tritt das Ich des Menschen auf einmal schaffend in Erscheinung; die Verstandeskräfte sind Kräfte, die dem Ich-Wirken dienstbar sind.

Damit ist alles nicht nur ein bisschen anders, sondern sehr anders. Der Junge kann von den alten Leuten nicht mehr genährt werden; alles, was sie ihm anbieten können von dem, was sie haben, stillt seinen Hunger nicht. Selbst den großen Schweinekessel lehrt er, ohne wirklich satt zu werden. (Wir werden hier vielleicht an die Erlebnisse von Daumesdick erinnert, der von den Tieren verschlungen wird. Dieser hier speist aus demselben Trog wie die Schweine, und es scheint ihm nichts auszumachen.)

So entschließt der junge Riese sich, in die Welt zu gehen, und fordert vom Vater eine Eisenstange als Wanderstab. Selbst mit acht Pferden kann der Vater sie aber nicht herbeischaffen. Da muss der Sohn ohne Stock hinausziehen, und es kann gar nicht verwundern, dass er in dieser Lage zunächst ein Schmiedegeselle wird.

Das Märchen erzählt:»Da ging er fort und gab sich für einen Schmiedegesellen aus. Er kam in ein Dorf, darin wohnte ein Schmied. Der war ein Geizmann, gönnte keinem Menschen etwas und wollte alles allein haben.« Hier wird uns also einer geschildert, der vor allem sich selbst wahrnimmt, nicht aber das, was nötig ist um ihn her: ein Egoist. Und just der wird zum Lehrmeister des jungen Riesen.

Dass diese beiden zusammengehören – der Egoismus und das wachsende Ich –, braucht uns niemand zu lehren; das wissen wir aus eigener Erfahrung. Wir wissen aber auch, dass es sich dabei um zwei verschiedene Dinge handelt: dass das Ich zwar in den Egoismus hineingeführt wird, dort aber nicht verharren, sondern nur seine Kraft ausbilden darf.

Auf dieses merkwürdig widersprüchliche Verhältnis der beiden deutet das Märchen auch dadurch hin, dass es sagt, der junge Riese wolle von dem Geizmann keinen üblichen Lohn, sondern verlange:»Wenn die andern Gesellen ihren Lohn bezahlt kriegen, will ich dir zwei Streiche geben, die musst du aushalten.« Das wachsende Ich kann am Egoismus seine Kräfte stärken, wenn es dadurch zugleich in die Lage kommt, den Egoismus zu überwinden; das steht hinter dieser eigenartigen Lohnforderung.

Dieses Arbeitsverhältnis wird übrigens schon nach einem Tag aufgelöst, weil der junge Riese für den Schmied viel zu kräftig ist. So verabschiedet sich der Schmiedegeselle mit »einem kleinen Streich« und zieht weiter – allerdings nicht, ohne sich den dicksten Eisenstab mit auf den Weg genommen zu haben, den zu schmieden er die Stelle ja nur angetreten hatte.

Das nächste Arbeitsverhältnis, das er eingeht, ist längerfristig, dauert ein ganzes Jahr, und wir finden ihn jetzt nicht mehr im Haus, in der Werkstatt, sondern draußen im Holz arbeiten. Aber auf welche Weise! Wiederum findet er in dem Amtmann, dessen Großknecht er wird, einen Geizhals, mit welchem er denselben Lohn ausmacht wie vorher schon mit dem Schmied, zu zahlen allerdings erst nach einem Jahr.

»Am andern Morgen«, erzählt das Märchen, »da sollten die Knechte ins Holz fahren, und die andern Knechte waren schon auf, er aber lag noch im Bett.« Nun versuchten die Knechte, ihn zum Aufstehen zu bewegen, doch ohne Erfolg. »Darauf blieb er noch zwei Stunden liegen, da stieg er endlich aus den Federn, holte sich aber erst zwei Scheffel voll Erbsen vom Boden, kochte sich einen Brei und aß den mit guter Ruhe, und wie das alles geschehen war, ging er hin, spannte die Pferde vor und fuhr ins Holz.«

Auch das gehört zum Ich dazu, dass es in der Auseinandersetzung mit der physischen Welt dafür Sorge trägt, dass das, was geschehen muss, auf die angenehmste Weise abgeht. Alle Erfindungen sind im Grunde Hilfen, damit der Mensch länger in den Federn liegen kann. Dass das nicht in reine Faulheit ausartet, sondern tatsächlich der Meisterung der Arbeitsnotwendigkeiten dient, muss allerdings dann unter Beweis gestellt werden; Faulheit allein ist noch kein letztgültiger Beweis für Ich-Entfaltung.

Diesen Beweis kann der junge Riese aber erbringen, der im Wald zwei Bäume ausreißt und sogar den so beladenen Wagen selbst zieht und noch – durch eine List, das sei zugestanden – vor den anderen Knechten in den Hof zurückkommt.

Ein Jahr lang dient der Riese dem Amtmann, demjenigen, der für die Einhaltung der irdischen Gesetzmäßigkeiten Sorge zu tragen hat, dem Herrn in der physischen Welt. Ihm hat er sich unterstellt – in der Aussicht, sich von ihm schließlich mit drei Streichen auch wieder trennen zu können. Aber bei aller ihm übertragenen Kraft lauert in diesem Bereich für das Ich doch auch eine Gefahr: der Tod nämlich. Und was das Märchen in den Auseinandersetzungen mit diesen das Ich bedrohenden Kräften schildert, ist außerordentlich spannend.

Zunächst schickt der Amtmann den Knecht in den Brunnen, dass er den säubere. Als er damit beschäftigt ist, lässt der Amtmann einen Mühlstein auf ihn hinunterwerfen, aber – der tötet den jungen Riesen nicht. In den Tiefenschichten der materiellen Welt, verborgen für das gewöhnliche Wahrnehmen, walten die Kräfte, die unser Erdendasein tragen und erhalten. Das Ich kann diese Sphäre wieder erschließen – den Brunnen reinigen –, wenn es unter der Last des Materiellen nicht zusammenbricht. Denn das Gewichtig-Nehmen des Materiellen ertötet die Möglichkeit, hinter den äußeren Sinnenschein vorzudringen. Was dem Amtmann im Märchen so gewichtig erscheint, ist dem jungen Riesen nur etwas, das ihm die Sicht zu rauben droht (»Die Hühner ... werfen mir Sand in die Augen, dass ich nicht sehen kann«), bzw. ein Schmuck, d.h. ein hübsches Ding, das erst einen Wert hat, wenn es in Beziehung steht zu einem Wesen, welches es schmücken kann. Materie allein – und sei es »der größte Mühlstein« – ist ein Nichts. Das lernt der junge Riese beim Amtmann, das lernt das Ich in der Auseinandersetzung mit den Todeskräften, die es durchdringt.

Da verfällt der Amtmann auf einen anderen Ausweg: Er schickt den Knecht in die verwunschene Mühle, um nachts dort Mehl mahlen zu lassen; denn da ist »noch kein Mensch morgens lebendig herausgekommen«. Jetzt also muss der junge Riese eindringen in jenen Bereich der Nacht, des Unbewussten, dem er als Däumling gegenüberstand; Tages- und Nachtkräfte messen ihre Stärke aneinander. Der Müller verschläft diese Auseinandersetzung, denn der Großknecht hat ihm geheißen: »Macht Euch nur fort und legt Euch aufs Ohr.« Das tun wir alle, wenn wir abends in diese Mühle eintreten, um uns aus den dort waltenden Kräften unseren Leib wieder aufbauen zu lassen.

Tatsächlich zeigt sich bald, dass hier nicht nur Stoffumwandlung stattfindet – aus Korn wird Mehl –, sondern eine wunderbare Speisung: »Als er ein Weilchen dort gesessen hatte«, in der Müllerstube nämlich, »tat sich auf einmal die Tür auf und kam eine große, große Tafel herein, und auf die Tafel stellte sich Wein und Braten und viel gutes Essen, alles von selbst, denn es war niemand da, der's auftrug. Und danach rückten sich die Stühle herbei, aber es kamen keine Leute, bis auf einmal sah er Finger, die hantierten mit den Messern und Gabeln und legten Speisen auf die Teller, aber sonst konnte er nichts sehen. Da er hungrig war und die Speisen sah, so setzte er sich auch an die Tafel, aß mit und ließ sich's gut schmecken.«

So weit, so gut. Als aber das Mahl gehalten ist, gehen plötzlich die Lichter aus, »und wie's nun stockfinster war, kriegte er so etwas wie eine Ohrfeige ins Gesicht«.

Heilig ist uns der Bereich des Schlafes, denn in dieser Zeit sind wir erhoben in die Welt der schaffenden Bildekräfte, erleben die Stärkung unseres höheren Wesens wie auch unserer Leiblichkeit, die, wenn wir selbst sie verlassen, von höheren Wesen erhalten und genährt wird. Darauf weist die Speisung hin, welche der junge Riese in jener geheimnisvollen Mühle erlebt.

Aber nicht nur die hohen himmlischen Wesen leben und wirken in dem Wunderbau des Menschenleibes; auch Widersacherwesen nisten dort, und das Eintauchen des höheren Menschenwesens in seinen Leib ist immer zugleich auch eine Versuchung, ein Ringen gegen die Triebgewalten, die ihm aus dem Leib entgegenschlagen – die Ohrfeigen sind da ein treffendes Bild. Sie wollen sich dem Erkennen des Menschen nicht offenbaren, verbergen sich im Dunkel, das zu ihrem Wesen gehört. Das erstarkende Ich des Menschen muss mit diesen Gewalten fertig werden, sich gegen sie behaupten, um nicht durch sie letztlich doch den Erdentod zu erleiden, d.h. den Gesetzen der Materie, wie sie vom

Amtmann verwaltet werden, zu erliegen. Der junge Riese vermag auch hier die Oberhand zu behalten.

Wer diese Auseinandersetzungen gemeistert hat, wer im Brunnen und in der Mühle nicht gestorben ist, dem kann der Amtmann nichts mehr befehlen. Jetzt also schreitet der junge Riese zur Lohnauszahlung. Und da stellt sich etwas Merkwürdiges heraus: Derjenige, der Herr auf Erden zu sein schien, zeigt sich plötzlich als einer, der den Boden unter den Füßen verloren hat, im Luftraum schwebt – als eine illusorische Kraft. Die eigentliche Herrschaft, die eigentliche Beherrschung hat das Ich, das aus der Kraft des eisernen Stabes seinen Weg fortsetzt. So hört dieses Märchen vom jungen Riesen nicht auf: »Und wenn er nicht gestorben ist, so lebt er heute noch«, sondern noch viel offener: »Der junge Riese aber nahm seine Eisenstange und ging weiter.«

Ist das denn überhaupt ein Schluss? Wohl kaum; was aber nun folgen muss, kann erst erzählt werden, wenn in den Menschen die Däumlingskraft des Verstandes erkraftet ist zum Ergreifen jener »Riesenkräfte«, die durch sein Bewusstsein fortan in der Welt wirken sollen. Herr im eigenen Haus – der Schmied – und Herr in der Welt – der Amtmann – zu werden, dazu ist der Däumling auserkoren. Sein Lohn: dass er dabei er selbst werden und die Erdenwelt verwandeln und von Dämonen und Illusionsgewalten befreien darf.

»Sneewittchen«

Am Anfang des Märchens können wir einen apokalyptischen Zug bemerken. »Es war einmal ... eine Königin« – das ist nicht nur ein Hinweis auf Vergangenes. Das Märchen erzählt ja davon, wie ein Mädchen zur Königin wird. Was am Anfang dagewesen ist – in seinem besonderen Bereich –, das soll in Zukunft auf der Erde werden. Insofern reichen Anfang und Ende des Märchens einander die Hand.

Es ist ein charakteristischer Wesenszug der Apokalypse, dass sie schildert, was erst noch werden soll. Sie schildert aber auch, dass im Himmel Wesen sind, welche das Geschehen auf Erden mit ihrem Bewusstsein begleiten und vorausnehmen, was in Zukunft aus einem anderen Wesen werden soll.

Mit diesem Hinweis haben wir den Bereich angedeutet, in welchem das Märchengeschehen seinen Ursprung hat. Darauf werden wir im »Sneewittchen« noch viel deutlicher durch die Bildsprache hingewiesen. Es ist mitten im Winter, die Schneeflocken fallen »wie Federn« vom Himmel herab. Kühle und Klarheit, Kristallkraft umgibt uns in diesem Bild.

Da hinein blickt die Königin, die nicht einfach müßig dasitzt, sondern näht, Verbindungen schafft, zusammenfügt, was bisher nicht zusammengefügt war. Dabei fallen drei Tropfen Blut in den Schnee. – Wie kann denn das Blut in den Schnee fallen? Das geht nur, wenn die Königin nicht drinnen sitzt, sondern im Schnee draußen und durch das schwarze Fenster – hereinschaut. So etwas Merkwürdiges. Sie scheint in jener Welt der Klarheit, der Kristallisationskraft zu leben; dort beschäftigt sie sich damit, Verbindungen zu schaffen, zusammenzufügen, indem ihr Blick durch das schwarze Fenster fällt.

Aber ihre Haltung beschränkt sich nicht auf ein sehnsuchtsvolles Schauen allein; sie fügt dem Schnee etwas von ihrer eigenen Innerlichkeit hinzu – die drei Tropfen Blut –, und indem sie das tut, erwacht in ihr der Gedanke an das Kind.

Auch für das Verständnis dieses Bildes können wir auf die Apokalypse blicken. Da wird im vierten Kapitel ein kristallenes Meer geschildert, das wir als den göttlichen Fundus an Schöpfersubstanz verstehen können, aus dem die Welt einmal hervorgehen soll. (Noch hat das Werk nicht begonnen.) Dieses kristallene Meer taucht im 15. Kapitel wieder auf, jetzt aber »mit Feuer vermischt«. Etwas ist dem göttlichen Schöpferfundus hinzugefügt worden, steht bereit für weitere Werke: das Feuer der Liebe, welche von Menschen geübt worden ist.

Hier fügt die Königin dem kristallenen Fundus der Schneeflockenwelt etwas Eigenes hinzu, das zusammenhängt mit ihrem inneren Wesen. So kann ihr Wunsch sich erfüllen. Jedenfalls zum Teil. Denn eines müssen wir noch bemerken. Die Königin denkt zwar:»Hätt' ich ein Kind ...«, wird es aber – vorerst – gar nicht haben, denn »wie das Kind geboren war, starb die Königin«. Was das Weiße und das Rote darstellen, haben wir schon angedeutet. Die Schneewelt ist die des Geistes, die Welt des roten Blutes die Innenwelt eines lebendigen Wesens. Worauf das Schwarz deutet, ahnen wir: auf den Tod, der in jener Welt herrscht, in die hinein das Fenster schaut. (Später wird es im Märchen heißen, dass die Zwerge das tote Sneewittchen »nicht in die schwarze Erde versenken« können.) Von allen dreien hat das Kind etwas mitbekommen: Geistiges, Seelisches und Leibliches; seinen Namen aber erhält es nach seinem Anteil am Geistigen:»Sneewittchen«.

Ein wichtiges Element dieses Märchens ist die Schönheit. Ihretwegen kommt es zu all den Verstrickungen und Leiden, zu all dem Bösen und Guten. Schon im ersten Absatz des Märchens wird dieses Motiv – ganz nebenbei – eingeführt. Es heißt da:»Und weil das Rote im weißen Schnee so schön aussah ...«. Eine solche Aussage können wir nicht gut äußerlich verstehen: Blut im Schnee ist schön – das kann im alltäglichen Sinn kaum gelten. Es handelt sich hier mehr um die »Definition«, welche Bedeutung der Begriff im »Sneewittchen« haben soll. Schön ist, wenn sich ein Inneres mit Geistigem verbindet.

Der zweite Abschnitt des Märchens greift die Situation des ersten wieder auf und stellt dann drastisch dar, wie auf einmal alles verkehrt erscheint. Diese Verkehrung beginnt »über ein Jahr« nach der Geburt Sneewittchens, also da, als das Kind sich aufrichtet und sich damit in das Schwerefeld der Erde hineinstellt. Jetzt beginnt es seinen Erdenweg.

In dem Augenblick tritt an die Seite jedes neuen Erdenbürgers jenes Alte, das es »schon immer« als Mensch auf Erden gegeben hat, und versucht, die Eigenheit der neuen Seele zu unterdrücken.

Im Märchenbild finden wir wieder eine Königin; sie schaut aber nicht durch ein Fenster, sondern in einen Spiegel. Ihr fehlt der Durchblick, den sie allerdings auch gar nicht sucht.

Drei Tropfen Bluts, die in den Schnee fielen, hatten uns auf das Innenleben der ersten Königin hingewiesen. Bei der zweiten wird dieses Innenleben viel deutlicher geschildert; aber dieses kann sich nicht hingeben, sondern bleibt in sich befangen: Die Frau ist »stolz«, »übermütig«, »konnte nicht leiden« und ist ganz versessen auf Schönheit, die äußerliche Schönheit ihrer selbst. Weil das Fenster zum Spiegel wird, kann die Erdenmutter jene himmlische Urmutter nicht wahrnehmen, deshalb auch nicht begreifen, was eigentlich ihre Aufgabe zu sein hätte: eben im Sinne jener ersten Königin Mutter für Sneewittchen zu sein.

Irgendwo in den Tiefen ihrer Seele muss aber auch diese Königin eine Ahnung von der Wahrheit jener anderen Welt getragen haben, denn sie ist sehr vorsichtig in der Formulierung ihrer Frage an den Spiegel – die sie im Märchen übrigens siebenmal stellt. Sie sucht nicht Auskunft darüber, wer die Schönste überhaupt sei, sondern »die Schönste im ganzen Land«. Sie beschränkt sich wohlweislich auf ihren Lebensbereich.

Merkwürdig im ersten Augenblick, dass der Spiegel dann den Unterschied macht zwischen der Schönheit der Königin »hier« und jener des Sneewittchens, welches »tausendmal schöner« sei als die Frau. Es ist ja aber von einem siebenjährigen Kind die Rede, dessen Schönheit wohl äußerlich – und nur das interessiert die Königin – noch gar nicht in Erscheinung tritt, sich aber deutlich ankündigt. Im Sinne der anthroposophischen Menschenkunde gesprochen wird jetzt der Ätherleib, der an der Leiblichkeit des Kindes geschaffen hat, frei, jener Leib, der verwandt ist mit den Ätherkräften, die auch z.B. in der Entfaltung der Blüten anschaubar werden und deren Charakteristikum tatsächlich das Schaffen von Schönheit ist. Das Kind »erblüht«.

Zugleich beginnt damit der erste Todesprozess. Die Lebenskräfte, welche sich der Erdenwelt zukehren, müssen mit Notwendigkeit in den Tod gehen. Im Märchen wird uns an der Königin in gewisser Weise ein Gegenblütenprozess geschildert, wenn es heißt, sie »wurde gelb und grün vor Neid«. Um das Kind zu töten, ruft sie den Jäger. – Vertrauen wir die Kinder einer zu frühen Ausbildung der Verstandeskräfte an, fordern wir ihr Urteilsvermögen zu früh heraus, tun wir im Grunde etwas Ähnliches wie die Königin.

Wir müssen an dieser Stelle noch eine Erweiterung unseres Gesichtskreises vornehmen. Bisher haben wir auf die verschiedenen Personen des Märchens geschaut, wie wir im Leben verschiedene Menschen unterscheiden. Das ist aber nur zum Teil gerechtfertigt. Denn letztlich lässt sich das Verhältnis Königin – Sneewittchen nicht auf ein irdisches Mutter-Kind-Verhältnis übertragen. Aber es ist auch nicht damit getan, die verschiedenen Märchencharaktere als unterschiedliche Seelenregungen eines einzigen Menschen zu deuten. In jeder dieser Regungen lebt zugleich ein Wesen mit, das ein in einer ganz bestimmten Richtung geartetes Interesse hat. Bin ich selbst auch Königin und Jäger, habe ich auch etwas Sneewittchenartiges in mir: in dem Königinnenhaften, in dem Jägerhaften machen sich über mein eigenes Seelenwesen hinaus doch noch andere Interessenten geltend, die eine Eigenschaft gern stärken, eine andere lieber geschwächt sähen.

Jetzt also droht Sneewittchen zum ersten Mal der Tod. Der Jäger soll das Herz des Mädchens durchbohren; der Verstand soll das Zentrum der Lebenskraft, das Zentrum des »roten« Anteils am Menschen, schädigen. Ihr Weinen schützt Sneewittchen vor dem Tod, ihr Weinen und – ihre Schönheit; da wird sie wiederum genannt. An diese beiden reicht der Verstand nicht heran, da zügelt er sich selbst.

Dass damit die Todesgefahr noch nicht ausgestanden ist, sagt das Märchen deutlich: »Die wilden Tiere werden dich bald gefressen haben, dachte er.« Diese Todeskräfte, welche da sind, ohne dem Kind schon zu schaden, kennen die Erziehenden. Noch sind beim Schulanfänger die Seelenkräfte wie schlafend, doch sie machen sich immer deutlicher bemerkbar; die strahlende Harmonie des kleinen Kindes, die Unschuld gehen verloren. Noch braucht das Kind mit diesen Gewalten nicht zu kämpfen, aber sie sind da.

Jetzt machen wir einen Sprung und eilen mit dem »armen Sneewittchen«, bis wir zum Zwergenhäuschen gelangen, in dem das Kind sich stärkt. Ein passendes Bettlein steht bereit, schneeweiß bezogen, wie auch der Tisch im Zwergenhaus weiß gedeckt ist. Hier befiehlt Sneewittchen sich Gott und schläft ein. (Auf Gott werden dann auch die Zwerglein hinweisen, sobald sie Sneewittchens ansichtig werden. Die Königin hingegen ist »gottlos«.)

Überall tritt hier deutlich die Siebenheit auf (die verborgen auch noch an anderen Stellen des Märchens erscheint), jene Zahl also, die uns auf Zeitprozesse hinweist – man denke nur an die sieben Tage der Woche und an den Siebenjahresrhythmus im Leben –, aber auch darauf, dass der Mensch in der Vierheit seiner Wesensglieder noch nicht vollständig ist, sondern erst, wenn er sie zur Siebenheit verwandelnd ergänzt. Sneewittchen kehrt dort ein, wo diese zukunftsträchtige Siebenheit zu finden ist, und das ist kein anderer Ort als der menschliche Leib. Darum kommen wir ja auf die Erde, entwickeln uns in Zeitprozessen, um über das Erdenmenschensein zu Himmelsmenschen hinauszuwachsen.

Welch ein seltsames Häuschen ist unser Leib! Wir leben zwar darin und identifizieren uns wohl sogar damit, aber ganz durchschauen oder ihn gar aufbauen können wir nicht. Andere Kräfte einer höheren Weisheit sind an dem Aufbau und an der Erhaltung unserer Erdenleiblichkeit tätig. Wir können ihn wohl pflegen, die Stoffumwandlungen aber müssen wir denen überlassen, die dafür begabt sind. Des Nachts, erzählt das Märchen, kommen die Zwerge ins Häuschen, erfreuen sich an der Schönheit der Bewohnerin und verabreden mit ihr die Arbeitsteilung – wieder siebenteilig.

So gibt es am Erdenleib schaffende Wesen, die vom Geheimnis der Sieben ein Wissen haben, von jenem Geheimnis, das dem Schönheitsideal, wie das Märchen es eingeführt hat, entspricht: Die Verbindung von Innerlichkeit mit Geistigem ist schön. Und sie dienen diesem Ideal mit ihren stoffverwandelnden Kräften, mit ihren Ab- und Aufbauprozessen.

Daneben gibt es aber auch die, welche von dem Märchen-Schönheitsideal nichts wissen will – obwohl der Spiegel ihr wiederholt darüber Auskunft gibt –, die ebenfalls ihren Einfluss geltend macht. Und nachdem Sneewittchen im Häuschen angekommen ist, werden diese Einflüsse gefährlich; denn im Häuschen ist das Kind nicht nur von Todeskräften umgeben, sondern kann wirklich sterben.

Dreimal stirbt Sneewittchen durch die Machenschaften des »bösen Weibes«: erst dadurch, dass ein bunter Schnürriemen ihr die Luft abpresst, dann durch den giftigen Kamm im Haar, schließlich durch den vergifteten Apfel. Die Todesmacht nimmt dabei, wie wir leicht sehen können, von Mal zu Mal zu. Zuerst heißt es, dass sie »für tot hinfiel«; es ist ein Scheintod, der leicht behoben werden kann. Auch beim zweiten Mal ist Sneewittchen nur »wie tot«; auch das lässt sich durch die Zwerge beheben. Erst als das Mädchen in den Apfel gebissen hat, »so fiel es tot zur Erde nieder«.

Zunächst ergreifen die Todeskräfte den Empfindungsbereich, machen das Gefühl eng, eigensüchtig – das geschieht noch wie von selbst; Sneewittchen zeigt im Märchen durchaus kein Interesse an den Schnürriemen, die ihm angepriesen werden, ist nur freundlich, vertrauensvoll der Frau gegenüber, auf deren Urteil sie sich verlässt.

Beim zweiten Mal, als die »Alte« den vergifteten Kamm in die Höhe hält, sagt das Märchen schon: »Da gefiel er dem Kinde so gut, dass es sich betören ließ.« Jetzt werden die Verstandeskräfte ergriffen. Sie können so wunderbare Ordnung schaffen, indem sie alles, was ihnen entgegenkommt, »über einen Kamm scheren«, wie es bildhaft gesagt wird. Aber auch diesen Tod können die Zwerge noch einmal beheben; das Eintauchen des Nachts in den Bereich, aus dem unser Schicksal geführt wird, kann das falsche Urteil verwandeln. Deshalb schlafen wir ja so gern über eine Sache, ehe wir uns entscheiden (das heißt in der Märchensprache: den Kamm nehmen, urteilen).

Bei ihrem dritten Anschlag verbündet sich die Königin mit der Macht des Todes selbst. Wir hören, wie sie ruft: »Sneewittchen soll sterben, und wenn es mein eigenes Leben kostet.« Nun ist sie wirklich dem Widersacher verfallen, der allem Erdenleben abhold ist. Was sollte man schon gegen eine alte Frau haben, die einem einen Apfel schenkt. Aus dieser Geste spricht eigentlich doch Gutes, etwas, das sich über das Erdengesetz von Gabe und Gegengabe hinwegsetzen kann. Ein Gesetz des Himmels tritt uns da entgegen. Die Bäuerin spricht sogar die Wahrheit aus, deutet selbst auf die Gefahr hin, die mit dem Apfel verbunden ist: »Fürchtest du dich vor Gift?« Aber die Wahrheit kann, weil sie Vertrauenskräfte mobilisiert, die in diesem Fall ganz unangemessen sind, nicht wirksam werden, ja bewirkt sogar das Gegenteil. Und noch ein Drittes kann uns auffallen: dass der Apfel just das Schönheitsideal zeigt, wie es am Anfang des Märchens »definiert« worden ist: »Äußerlich sah er schön aus, weiß mit roten Backen ...« Und doch ist er »giftig, giftig«.

Wer so die guten Kräfte in seinen bösen Dienst stellen kann, muss schon ein hohes Wesen im Reich der Bosheit sein. Hier treffen wir auf einen weiteren Interessenten an dem, was in der Menschenseele vor sich geht. »Sneewittchen lusterte den schönen Apfel an.« Ihr Stoffwechsel erwacht – das Wasser läuft ihr im Mund zusammen (die wilden Tiere regen sich) –, und damit kann die Todesmacht in jenen Tiefen der Menschenseele ansetzen, die von den Zwergen nicht mehr entgiftet werden können. In die Willenstiefen – in die Schicksalsabläufe, die Tatenfolgen – reicht ihre Macht nicht hinab. Dem Herrn des Todes, welchem sich die Königin, das »boshafte Weib«, verschrieben hat – »... und wenn es mein eigenes Leben kostet« –, müssen sie sich unterordnen; er ist der mächtigere Erdenherr.

Das Märchen weist uns darauf hin, dass die Todeskräfte gar nicht erst am Ende des Lebens nach dem Menschen greifen, sondern schon während des Lebens wirksam werden, dass schon zu Lebzeiten der Tod eintritt – und wettgemacht wird durch helfende Wesen.

Die eigentliche Erweckung aus dem Tod – auch aus dem Tod im Leben – kann aber letztlich nur von jenem Erdenfremdling kommen, der sich entschloss, selbst Mensch zu werden; in der Märchensprache ausgedrückt: der »zu dem Zwergenhaus kam, da zu übernachten«. Er erkennt die Schönheit der »Toten« und bittet um sie. Ein Handel scheint sich anzubahnen, auf den die Zwerge aber nicht eingehen wollen. Da offenbart der Königssohn seine Herkunft aus einem anderen Land, indem er spricht: »So schenkt mir ihn, denn ich kann nicht leben, ohne Sneewittchen zu sehen ...« Wieder also ist vom Schenken die Rede, jetzt aber aus dem Mund dessen, dem dieses Verhalten zusteht. Und darauf gehen die Zwerge ein – aus Mitleid mit dem Königssohn.

Was aber tut der Königssohn? Er sorgt für eine Erschütterung, ein Aufrütteln im Schicksal: Die Diener stolpern. Der giftige Apfelgrütz fährt Sneewittchen aus dem Hals. Jetzt »öffnete es die Augen, hob den Deckel vom Sarg in die Höhe und richtete sich auf und war wieder lebendig.«

Und nun folgen Worte, die ganz und gar keinen Bildcharakter mehr an sich haben, sondern klar sagen, worum es sich handelt: »›Ach, Gott, wo bin ich?‹, rief es. Der Königssohn sagte voll Freude: ›Du bist bei mir.‹« Gott wird gefragt – und Gott antwortet und nimmt das, was er »lieber als alles auf der Welt« hat, mit in seines »Vaters Schloss«, wo Hochzeit gehalten wird.

Dieses Fest wird zugleich zum Gericht für die Königin, die jetzt »die gottlose Stiefmutter« genannt wird. Sie erscheint »mit schönen Kleidern«; es wird deutlich, dass ihre Schönheit nur äußerlich ist. Was das »böse Weib« stets für sich behalten hat, die innere Feuerkraft, den Rot-Anteil ihres Wesens, das muss sie nun als verzehrende Hitze erleben. Was sie nicht hat hingeben können, ist aufgestaut worden und muss sie nun selbst verbrennen. Bestand am Anfang des Märchens noch die Möglichkeit, frei zu wünschen

– aus der Hingabe des eigenen Rot-Anteils, der eigenen Innerlichkeit an jene kristalline Welt des Werdebereiten –, so herrscht am Ende »eiserne« Notwendigkeit, wie der Weg gegangen werden muss.

So weist uns das Märchen vom »Sneewittchen« hin auf die Todeskräfte, die im Leben wirksam werden, noch ehe der physische Tod eintritt, und die von dienstbaren Elementarwesen und durch Gottes Hilfe ausgeglichen werden können. Wir erfahren von Wesen, die uns auf unserem Erdenweg begleiten voller Interesse im guten wie im bösen Sinn.

Getragen aber ist alles Werden von der Tatsache, dass unser Ziel im Geiste schon vorausgenommen worden ist – »Es war einmal ...« – und uns, im Bewusstsein eines schützenden Wesens geborgen, zur Verfügung steht, auf dass wir selbst in diesen Gottgedanken hineinwachsen mögen.

Bildersinn in Gefahr

Fremdes in der eigenen Seele

Wir haben versucht, die besonderen Möglichkeiten der Arbeit mit Märchenbildern darzustellen. Zu einem solchen Versuch muss notwendig auch ein kritischer Blick auf den heutigen Umgang mit anderen seelenwirksamen Bildern treten. Ein solcher Blick lässt erkennen, dass es um das, was die Märchen bewirken können – den Reichtum erschließen, den jeder Mensch aus dem Vorgeburtlichen als seinen persönlichen Seelenschatz mit ins Leben hereinträgt –, heute außerordentlich schlecht bestellt ist. Unsere Seelenschatzkammern füllen sich mit Dingen, die gar keine Schätze sind, die aber geeignet sind, deren Platz einzunehmen und uns in unserem Menschwerden – mehr oder weniger massiv – zu beeinflussen.

Der Bildhunger gehört konstitutionell zum Menschen hinzu. Wir brauchen Bilder, die uns anregen, unsere Persönlichkeit und unsere Biografie unseren eigenen inneren Bildekräften gemäß auszugestalten. Diesen Hunger nach Bildern bedienen die Bildmedien, ohne dass dabei jedoch auf Wert und Sinn der Seelenbildekräfte Rücksicht genommen würde. Das ist keine Lappalie. Wo das erlauschte Märchenwort die Eigenkräfte der Seele zu intensiver Tätigkeit anregt, kann etwa das Fernsehen – und das gilt ganz unabhängig von der Qualität des jeweiligen Films – nur zum Anschauen von äußeren und bereits fertigen Bildern einladen. Die Seelenkräfte des zum Zuschauer degradierten Bildsuchers müssen sich mit dem Vorgegebenen begnügen und in Untätigkeit verharren.

Die Verurteilung des Zuschauers zur Passivität im Umgang mit den eigenen Seelenkräften ist jedoch nur das eine. Noch folgenreicher ist das andere: Der Seele zeichnen sich die aufgenommenen Bilder ein und übernehmen die Aufgabe der Seelenbildekräfte, das persönliche Verhalten zu prägen.

Diese Überprägung des Eigenen durch seelenwirksame Bilder, die gar nicht aus der eigenen Seele aufsteigen, muss besonders prägend sein für denjenigen, der noch damit beschäftigt ist, sich ein Bild von sich selbst zu machen: für das Kind. Man kann sich die Situation, in die das Kind gerät, folgendermaßen vorstellen: Wo es in den Tiefen der eigenen Seele die Kräfte zu beleben sucht, aus denen es sich selbst gestalten will, da stößt es, ehe es überhaupt zum wahren Grund seiner Seele vorgedrungen ist, auf eine ganze Fülle scheinbar lebendiger, aber bereits fertig ausgestalteter Bilder, die ihm suggerieren, die von ihm gesuchten Vorbilder für sein Werden zu sein. In der eigenen Seele stößt das Kind auf Wesensfremdes, das es aber als solches nicht erkennen kann. Ein Teppich solcher Scheinbilder legt sich über den persönlichen Seelenschatz und schwächt den Impuls des Kindes, zum Eigenen hindurchzustoßen, weil die Scheinbilder das Empfinden erwecken, das gesuchte Eigene zu sein.

Was das für die Kinder bedeutet, habe ich darzustellen versucht: Sie können ihre persönlichen Bildekräfte nur unvollkommen kennen lernen und ausgestalten. Starke Kräfte, die ins Leben eingreifen wollen, bleiben ungenutzt. Was aber geschieht mit Kräften, die sich betätigen wollen, sich aber nicht zielvoll für eine Aufgabe einsetzen können? Je unbewusster sie bleiben, umso mehr ist damit zu rechnen, dass sie sich irgendwann unkontrolliert, ziellos entladen. In diesem Dilemma liegt wahrscheinlich eine entscheidende Wurzel für die zunehmende Aggressivität, die heute unter Kindern und Jugendlichen herrscht. Dass die Kinder sich selbst entfremdet worden sind, spricht sich in ihrem oft befremdlichen Verhalten aus. Als diejenigen, die sie selbst eigentlich sind, können sie sich gar nicht zeigen, weil sie sich in ihrem eigenen Inneren selbst nicht finden können, und es bleibt ihnen darum zunächst gar keine andere Wahl, als der zu werden, der als fremdes Vorbild in ihren Seelen herumgeistert.

Die Manipulation mit genetischem Material hat weltweit zu einem Aufschrei der Empörung geführt. Die Schwächung der inneren Bildekräfte durch die Bildmedien wird als zeitgemäß hingenommen. Es wird nicht durchschaut, dass hier ebenfalls mit Herkunftskräften des Menschen manipuliert wird, mit denjenigen Kräften nämlich, die ihn in die Lage versetzen sollen, einmal nicht mehr Kind seiner Eltern oder seines Volkes zu sein, sondern Abkömmling seiner selbst zu werden.

Dem ließe sich mit gelegentlichen Märchenzeiten vielleicht noch gegensteuern. Aber es zeigt sich, dass parallel zum Konsum von Fernsehbildern die Sprache selbst eine tiefgreifende Verarmung erleidet. Sie dient uns in zunehmendem Maß und auch im Umgang mit den Kindern weitgehend bloß noch als Träger äußerer Informationen. Sie als Mittel zu nutzen, um innere Erfahrungen auszudrücken und im Zuhörer zu beleben, gelingt heute immer seltener. So wird Sprache auf dieser Ebene auch immer weniger verstanden. Damit können aber auch die Bilder, die den inneren Bedürfnissen des heranwachsenden Menschen angemessen sind, nicht mehr in ihrer Vielschichtigkeit verstanden und durchfühlt werden und sind damit vom Aussterben bedroht.

Dass diejenigen Bilder, die heute die Kinder überfluten, ganz anders geartet und ganz anders gemeint sind, können Kinder nicht wissen. Sie wären damit überfordert, sollten sie im Umgang mit Bildern selbst unterscheiden zwischen dem, was ihnen zuträglich ist, und dem, was ihre eigenen Bildekräfte letztlich schwächen muss. Sie müssen es erleiden.

Und das tun sie. Nach einem Vortrag über die Bedeutung der Märchenbilder kam kürzlich ein Lehrer zu mir und gestand, dass er sich abgewöhnt habe, den Kindern Märchen zu erzählen. Sie könnten ihn gar nicht mehr verstehen. Sein Anliegen sei vielmehr, ihnen wenigstens die Wahrnehmung der Welt, in der sie leben, zu erschließen. Er erzählte dann, dass er das ganz konkret meinte: Wahrnehmung der anderen Kinder und ihrer unterschiedlichen Kleidung, der verschiedenen Bäume, des Himmels u.a. Staunend und voller Freude bemerkten die stumpfsinnig gewordenen Kinder etwa, dass der Pullover des einen Klassenkameraden blau, der des anderen aber rot ist. Manchmal nimmt der Lehrer seine Klasse in eine Berghütte mit. Abends sehen die Kinder dann die Sterne und bewundern solche Pracht, von der sie bisher nichts geahnt haben. Selbst bei Nacht hinauszugehen, fehlt es ihnen an Mut. Sie haben auch Angst, wenn ihr Lehrer in der Dunkelheit hinausgeht – der Vampire wegen, die ihn bedrohen und ihn fressen könnten ...

Was der Lehrer da schilderte, ist das Ergebnis eines misshandelten Bildersinns durch das Fernsehen. Die Kinder haben die Wirklichkeit verloren, und zwar nicht nur die innere, sondern damit zugleich auch die äußere. Wahrnehmung verkümmert, Sprache erstirbt. In den Seelen nisten sich unnötige Ängste ein. Wer den Bildersinn des Menschen schwächt, der schwächt das Menschenwesen selbst.

»Der Verlust der Sprachkultur«

Das Problem ist im Grunde längst bekannt, wenn es in seiner Bedeutung auch immer noch gern heruntergespielt wird – allerdings nicht aus pädagogischen Gründen. Vor ein paar Jahren ist dazu eine aufrüttelnde Studie erschienen. In seinem Buch »Verlust der Sprachkultur« schildert Barry Sanders, Literaturprofessor in Kalifornien/USA, wie im Lauf der Geschichte die Menschen im Erlernen der Buchstabenschrift zum Selbstbewusstsein erwachen: »Die meisten Menschen würden einräumen, dass ein Leben ohne Selbst nahezu unvorstellbar ist. Indes, das Selbst im heutigen Begriffsverständnis taucht verhältnismäßig spät in der Geschichte des abendländischen Denkens auf. Dieses Buch verficht die These, dass die Idee des kritischen, innengeleiteten Menschen, die für uns selbstverständliche Grundlage unseres Menschseins ist, sich nur im Schmelztiegel des Lesens und Schreibens bildet. Der Mensch, wie wir ihn heute kennen, ist ein Produkt der Literalität. Im Abendland beginnt die Buchstabenschrift sich irgendwann im fünften oder sechsten Jahrhundert v. Chr. einzubürgern. Was geschieht nun, über zweitausend Jahre danach, mit dem Selbst, so müssen wir uns angesichts der Tatsache fragen, dass die Welt der Bücher für die Jugend heute mehr und mehr an Anziehungskraft verliert. Anders gefragt: Was geschieht mit dem Geschöpf, an das wir uns so sehr gewöhnt haben? So die höchst bestürzende Frage, der die heutige Gesellschaft sich gegenübersieht.« Sanders knüpft daran die alarmierende Feststellung:»Das Selbst, das im Gefolge der Literalität die Arena der Geschichte betrat, steht kurz davor, diese Arena wieder zu verlassen. Dieser Akteur namens Selbst, der als ein an die Buchkultur gebundenes soziales und intellektuelles Konstrukt ins Dasein trat, ist in Auflösung begriffen und dabei, sich aus dem Fundus des Humanen zu verflüchtigen. Mit ihm wird auch der Mensch, den wir heute kennen, dahingehen.«

Sanders weist damit auf eine Situation hin, die in den USA längst zur Wirklichkeit geworden ist.»Dieses Buch schildert eine Welt, die bevölkert ist von Jugendlichen, deren Weg am Lesen und Schreiben vorbeigeführt hat und die infolgedessen gezwungen waren, sich ein Leben ohne die Mithilfe jenes intimsten und vertrautesten Ratgebers, des Selbst, zurechtzuzimmern. Es bedarf keiner sonderlich lebhaften Phantasie, das Bild einer solchen Welt auszumalen ... Es ist eine Welt, in der junge Leute lieber auf Rache und Vergeltung sinnen, als über sich selbst nachzudenken. Es ist eine Welt, in der Menschen töten, ohne Gewissensbisse oder Reue zu empfinden.«

Der Leser erfährt, dass unter amerikanischen Jugendlichen nach Unfällen im Straßenverkehr Mord heute die zweithäufigste Todesursache ist. Die Wirklichkeit der jungen Leute auf den Straßen amerikanischer Großstädte lässt Sanders fordern,»dem Alptraum Einhalt zu gebieten. Der erste Schritt zur Lösung des Problems ist die Wiederherstellung des Selbst«.

Mit dem Satz »Kinder müssen Gesprochenes hören, um sprechen lernen zu können« führt Sanders den Leser an das Problemfeld heran, auf dem heute das Spracherleben der Kinder am stärksten gefährdet ist: den Umgang mit dem Fernsehen. Er zitiert den Bericht einer Sprachwissenschaftlerin, demzufolge ein kleiner Junge taubstummer Eltern durch viel Fernsehen Sprache erlernen sollte. »Mit drei Jahren konnte er ... Englisch jedoch weder sprechen noch verstehen.«

Die Forscherin schließt daraus: »Als alleiniges Medium zum Erlernen von Sprache ist ein Fernsehapparat ungeeignet, denn wenn er auch Fragen stellen kann, so kann er doch Fragen des Kindes nicht beantworten. Ein Kind kann also nur dann Sprachfähigkeit ausbilden, wenn es Sprache in seiner Umwelt vorfindet und diese Sprache dazu benutzen kann, sich mit seiner unmittelbaren Umgebung zu verständigen.« Sanders kommentiert diesen Sachverhalt mit den Worten: »An diesem Maßstab gemessen, wächst die Mehrzahl der amerikanischen Kinder heute in einer Umgebung auf, aus der die Sprache effektiv ausgetilgt ist.«

Das Problem des Fernsehens besteht nicht darin, dass es keine Erlebnisse anregt, sondern vielmehr darin, dass es zu der Anregung auch gleich die entsprechende Lösung liefert. »Im Gegensatz zu Romanen und Erzählungen, die den Leser mit vieldeutigen Sachverhalten konfrontieren und ihn anregen, über Fragen von Sinn und Bedeutung nachzudenken, glätten und verkürzen Fernsehprogramme die Zusammenhänge. Zu jeder Frage, die sie aufwirft, hat die Fernsehsendung schnell eine Antwort parat: Jede Sendung ein Seelentrost, jede Sendung eine Belehrung. Ein Kind, das nicht in der Lage ist, sich eigene Geschichten auszudenken, weil seine Phantasie von den Handlungsschemata und der Situationskomik der Erfolgsserien der Saison verklebt ist, kann nicht in stummem Selbstgespräch eine eigene Welt im Inneren aufbauen.«

Das Lob auf die Langeweile, welches der Autor in diesem Zusammenhang anstimmt, ist beachtenswert. Sanders macht darauf aufmerksam, dass nur da, wo der Jugendliche nicht äußerlich beschäftigt und abgelenkt wird, sich ihm die Möglichkeit bietet, in Ruhe sein eigenes Inneres zu ergründen – ein Abenteuer, um das heute viele Jugendliche gebracht werden.

Wen das Fernsehen sowohl um das lebendige Spracherleben als auch um die Möglichkeit, Langeweile auskosten zu können, betrogen hat, dem fehlt die Distanz zu den Erlebnissen, mit denen er konfrontiert wird. Er kann der Außenwelt nichts Eigenes, in sich selbst als wirklich Erlebtes und persönlich Erzeugtes entgegensetzen. Er hat dann nicht nur ein Erleben – er ist das Erleben, das ihm begegnet.

Was die Kinder und Jugendlichen in den Fernsehsendungen aufnehmen, ist für ein Bewusstsein gemeint, das über das Vermögen verfügt, sich zu distanzieren. Wer das nicht kann, für den werden die Fernsehbilder nicht nur zur Wirklichkeit, sondern sie treten an die Stelle der Selbsterfahrung und suggerieren ihm, nachahmend die eigene Identität erleben zu können. Konkret bedeutet das: Was solche Kinder und Jugendlichen in den Sendungen aufnehmen, wird zum gefährlichen Surrogat für eine ersehnte, aber im eigenen Inneren nicht zu verwirklichende Persönlichkeitserfahrung. Sie neigen dazu, das im Film Erlebte in die Wirklichkeit auf der Straße hinaus fortzusetzen,»... Hohlformen – Gespenster, die auf den Straßen ihr grausig-bedrohliches Unwesen treiben«, wie Sanders es nennt.»Egal, was sie tun – selbst wenn sie die übelsten Gewalttaten und Scheußlichkeiten begehen –, sie sind unfähig, ob ihrer Taten Gewissensbisse oder Bedauern oder Schuld zu empfinden ... Es nützt nichts, solche Jugendliche hinter Gitter zu bringen ... Die Lösung muss anderswo liegen. Sie kann nur in der menschlichen Stimme liegen – all deren Substanzlosigkeit, Unsichtbarkeit und Flüchtigkeit zum Trotz ... Wonach diese Jugendlichen sich sehnen, das ist das Gefühl und der Zustand des Ermächtigtseins durch die eigene Stimme.«

Sanders beendet sein Buch mit einem Plädoyer:»Lernen wir eine nachhaltige Lektion aus der Geschichte. Holen wir die Jugend aus dem sprachlichen Schattenreich heraus, in dem sie sich befindet, und führen wir sie zu der Schlüsselerfahrung zurück, die ihr entgangen ist – zur Erfahrung der Oralität [gesprochene Sprache – GD]. Die Weichen zu einem allseitig entwickelten

Erwachsensein werden vielleicht bei dem hoch bedeutsamen Wechsel aus der häuslichen Umgebung und dem Vorschulalter in das Grundschulmilieu gestellt ... Der Unterricht im Lesen und Schreiben muss auf einem Lehrplan fußen, der Singen und Tanzen, Spielen und Spaßmachen mit Improvisieren und Rezitieren verbindet. Die Kinder müssen Geschichten zu hören bekommen, die der Lehrer sich entweder selbst ausdenkt oder aus einem Buch vorliest. Sie müssen sich auch eigene Geschichten ausdenken und versuchen, gehörte Geschichten mit eigenen Worten nachzuerzählen. Die Lehrer müssen für eine lückenlose Schulung in der Kunst der mündlichen Rede sorgen.«

Bewusstsein für die Bilder

Es kann heutzutage nicht darum gehen, überholte Verhaltensvorschriften durch neue zu ersetzen. Wir können uns aber auch nicht darauf verlassen, dass das allgemein Übliche das Richtige ist. Wie wir gesehen haben, hat unsere Freiheit ein solches Maß angenommen, dass nur wir selbst darüber bestimmen können, wie wir Mensch sein und Mensch werden wollen. Als Erwachsene können wir uns absetzen von dem, was nicht geeignet ist, uns in unseren Menschenkräften zu bestärken.

Wenn wir solches in unserem Umkreis dulden – und dafür kann es ja Gründe geben –, dann müssen wir uns aber doch bewusst sein, wie ganz anders die Wirkung ist, die auf die Kinder ausgeübt wird.

Wir kommen nicht darum herum, dass wir wissen müssen, was wir tun. Das ist die beschwerliche, mühsame Begleiterscheinung der Freiheit, in die wir eingetreten sind. Das ist aber zugleich auch das, was den, der mit Sorge in die Welt schaut, in welcher die Kinder aufwachsen, mit Hoffnung erfüllen kann.

Der Mensch ist darauf angewiesen, dass er sich selbst ein Bild seines Menschseins schafft. Das begründet seinen Bildhunger, der sonst gar nicht zu erklären wäre. Dieser Hunger nach Bildern wird vom Film und anderen bildschaffenden Medien aufgegriffen, aber nicht wirklich befriedigt. Deshalb kann etwa das Fernsehen einem die Zeit erfüllen, lässt aber die bekannte Ernüchterung zurück; es lässt uns nüchtern, wo wir Hunger stillen wollten. Umso mehr gilt es, die Erfahrungen der positiven Kräfte in der eigenen Seele zu beleben und die Gestaltungskraft der Seele aus diesen Kräften heraus zu wecken. Einer der Schlüssel, auf die auch heute noch Verlass ist, sind die Märchen und Geschichten, und der Geschichtenerzähler von heute kann seine Aufgabe darin sehen, den Menschen einen solchen Schlüssel zu ihrer eigenen verborgenen Schatzkammer in die Hand zu geben.

Die Untersuchungen Sanders' machen deutlich, dass die Märchenhör-Haltung gar nicht etwas ist, das wir erst mit pädagogischen Mitteln bei den Kindern einführen müssten; sie tritt am Menschen mit Notwendigkeit auf. Entscheidend ist, was dieser offenen Seelenhaltung als Angebot entgegengebracht und in die Seelentiefen aufgenommen wird, was also impulsierend dort tätig wird, wo die Kräfte, über das eigene Leben und das eigene Wesen in Freiheit selbst zu entscheiden, regsam werden sollen. Das sollte von einer Qualität sein, die das Innere des Menschen wirklich stärken kann. Sind die Menschenwerdekräfte des Kindes genügend angeregt worden, so sind die Kinder auch gut ausgerüstet, um als Jugendliche dem, was auf sie einstürmt, begegnen zu können. Darauf können wir vertrauen.

Als Vorschlag folgt daraus, den Bereich der Kindheit, d.h. der ersten vierzehn Jahre, wirklich als das Feld zu bewahren, in dem wir selbst entscheiden, was die Kinder prägen soll, und uns nicht von außen, von den Medien, von der Werbung, hereinreden zu lassen. Dort herrschen ganz andere Gesichtspunkte – der Marktwirtschaft, des Wirtschaftswachstums u.a. – vor, die keinen erzieherischen Wert haben.

Haben die Kinder im Guten das Menschsein durchleben und durchfühlen und daran innerlich stark werden können – und das ermöglichen ihnen die Märchen und die guten Geschichten –, dann können sie der Welt begegnen. Werden sie dabei auch manche Federn lassen müssen, in ihrem wahren Kern werden sie nicht angerührt werden.

Wie können wir mit Kindern vom Tod sprechen?

Kinder wissen mehr

Märchen haben die Möglichkeit, Themen, die sonst im Leben gern verschwiegen werden, nicht nur zur Sprache zu bringen, sondern sogar dem inneren Erleben zu eröffnen. Ein ganz wesentliches Thema dieser Art ist das von Tod und Sterben. Wie befreiend müsste es für unser Lebensgefühl sein, könnten wir mit ähnlicher Selbstverständlichkeit, wie die Märchen es tun, damit umgehen! Unsere Zivilisation aber vermeidet immer noch weitgehend das offene Ansprechen aller damit zusammenhängenden Fragen. Immer noch ist der Tod der Feind, das Sterben aber ein Prozess, der gern ins Verborgene abgeschoben wird. So findet der Mensch nicht die Gelegenheit einzuüben, was doch ein jeder von uns eines Tages wird meistern müssen.

Können wir die Angst vor dem Tod überwinden, indem wir uns die notwendige und heute zugängliche Kenntnis über die Hintergründe verschaffen, dann werden sich uns damit auch zugleich die Grundlagen ergeben, mit deren Hilfe wir die rechten Bilder schaffen können, um unseren Kindern den Tod erlebbar zu machen. Damit sorgen wir dafür, dass einerseits die erst allmählich aufkommende Angst vor dem Tod bei den Kindern gleich auf entängstigende Vorstellungs- und Erlebnisinhalte trifft, und andererseits – und das ist eine ganz wesentliche Aufgabe – dafür, dass das Empfinden für die Gemeinsamkeit von Lebenden und Toten real begründet werden kann. Mit ihnen sein kann ja nur, wer von ihrem Dasein Kenntnis hat.

Nun brauchen wir gar nicht zu meinen, dass uns damit eine besonders schwierige Aufgabe gestellt wäre. Gewiss, die Beschäftigung mit dem Thema Tod erfordert eine gewisse Aufmerksamkeit und Aufnahmebereitschaft, auch ein lebendiges Denken.

Aber die Inhalte, mit denen man, etwa in der Anthroposophie, aber auch aus anderen Quellen, in Berührung kommt, sind so außerordentlich interessant, dass die Mühe des Aufnehmen-Müssens durch die Begeisterung für den Inhalt durchaus aufgewogen wird.

Dennoch mag manch einer das Gefühl haben, das Thema »Sterben und Tod« im Umgang mit den Kindern vermeiden zu sollen, weil es so ganz und gar unkindlich sei. Das trifft aber nur für das äußere Erscheinungsbild des Todes zu, insbesondere dann, wenn wir das Anschaubare nicht durch die zutreffenden Seelenbilder ergänzen und erlösen können. Letztlich werden wir uns an dieser Aufgabe wohl nicht vorbeidrücken können. Denn ob unsere Kinder über den Tod belehrt werden sollen oder nicht, steht nicht in unserer Freiheit. Auf ihre Weise spricht die äußere Welt, sprechen die Bilder der Zivilisation und das menschliche Verhalten darüber.

Wir aber können entscheiden, in welcher Weise das Kind über den Tod erfahren soll; wir können neben die unvermeidbaren Eindrücke aus der Umwelt die Bilder stellen, welche einen Einblick in die Bereiche eröffnen, die im Sinnlichen nicht oder nur bedingt in Erscheinung treten. Dass wir damit den Kindern nicht nur in Bezug auf die Frage nach dem Tod, sondern ganz allgemein für ihr Seelenwesen etwas Gutes tun, soll im Weiteren dargestellt werden.

In seinem Buch »Beim Sterben von Kindern« berichtet der Pfarrer Arie Boogert von einem siebenjährigen Mädchen das Folgende: »Das kleine Mädchen hatte bei Tisch von einem Kind aus der Nachbarschaft gehört, das am Nachmittag von einem Lastwagen überfahren worden war. Abends lag es noch lange wach in seinem Bettchen und rief schließlich den Vater, um ihm zu erläutern, dass es ›überhaupt nicht so schlimm ist, als Kind zu sterben, denn man weiß dann ja noch alles. Für große Menschen ist das viel schlimmer, denn die haben alles vergessen, und sie müssen alles neu lernen.‹«

Das, was die kleine Siebenjährige da ihrem Vater sagt, kann uns einen wichtigen Anhaltspunkt zu unserem Thema geben. Im Umgang mit Kindern haben wir als Erwachsene ja oft den Eindruck, das Kind wisse noch nicht Bescheid, und es sei unsere Aufgabe, ihm das Wissen zu vermitteln, es zu belehren. Wenn wir uns dabei das Kind aber wie eine Art leere Schale vorstellen, in die hinein wir unsere Weisheit gießen müssen, so trifft das gar nicht zu. Gewiss, wie die verschiedenen irdischen Dinge funktionieren, muss das Kind erst beigebracht bekommen. Auch das Schreiben und Lesen bringt es sich nicht mit, wohl aber ein fundiertes Wissen über sein eigenes Wesen und über das Wesen der Welt.

Dies Wissen lässt sich in drei Grundüberzeugungen ausdrücken:

Das Leben hat einen Sinn.

Der Mensch ist gut.

Der Welt und ihren Wesen darf man vertrauen.

Natürlich würde ein Kind das nicht so aussprechen, aber es empfindet so und baut seine Welterfahrung zunächst auf diesen Grundtatsachen auf.

Nun bemerken wir vielleicht sogleich das Problem, das sich damit ergibt. Denn dieses kindliche, tief unbewusste Wissen, diese lebendigen Überzeugungen der Kinder finden in unserer Welt gar nicht unbedingt ihre Entsprechungen, sondern werden hier nur allzu oft mit dem Gegenteil konfrontiert:

dass da ein Leben sinnlos vertan wird,

dass ein Mensch in seinem Verhalten durchaus nicht gut ist,

dass die Welt als tot erlebt wird und vielleicht sogar als menschenfeindlich.

Ob das Kind nun Recht hat oder der Erwachsene, durchsetzen kann jedenfalls der Erwachsene sein Wissen viel eher, als das Kind es vermag. Denn ihm schenkt das Kind unbesehen sein Vertrauen und nimmt von ihm als Wahrheit an, was er es lehrt – auch dann, wenn diese Lehre auf tönernen Füßen steht, weil, wie die Siebenjährige formuliert, die Großen alles vergessen haben und alles neu lernen müssen.

Aufmerksamkeit und Lernbereitschaft sind insbesondere angesichts der Frage nach dem Tod und wie wir zu den Kindern davon sprechen können, das Angemessene. Ein schönes Zeugnis für solche Aufmerksamkeit und Lernbereitschaft ist der folgende Bericht der Krankenhausseelsorgerin Rosemarie Fuchs, deren Aufgabe es war, sich um krebskranke Kinder zu kümmern.

Vom Kind lernen

Rosemarie Fuchs schildert, wie sie eines Nachts aus dem Bett gerufen wird, um an die Seite des schreienden Marcus zu eilen, der, erst fünfjährig, sterbenskrank ist. Man meinte, ihm dadurch zu helfen, dass man das Thema Tod strikt vermied.

Als sie eintraf, war der kleine Junge mit einer Morphiumspritze behandelt und »ruhiggestellt« worden. Er ist aber dadurch nicht schläfrig, sondern ganz wach geworden und will etwas erleben. Da erzählt ihm die Seelsorgerin, ohne damit eine weitergehende Absicht zu verbinden, das Märchen vom »Sneewittchen«. Sie kommentiert aus dem Rückblick auf diese Nacht:

»Die Märchengestalt Schneewittchen ist ›zu uns gekommen‹, und der Gedanke an sie wird uns nicht mehr verlassen bis zum letzten Tag, den Marcus lebt. Die Märchenprinzessin stirbt, und das Kind im Bett protestiert dagegen ganz entsetzt: ›Nein, nein! Sie soll nicht tot sein!‹ Erst als Schneewittchen wieder aufwacht, ist Marcus zufrieden.«

Was hier noch unausgesprochen bleibt, findet dann endlich Worte mit Hilfe eines anderen Buches, des »Struwwelpeters« und der Gestalt des »Suppenkaspars«. Nachdem Marcus diese Geschichte, deren Bilder er immer besonders aufmerksam studiert, gehört hat, notiert Rosemarie Fuchs: »Mir fällt auf, dass sich das Kind besonders intensiv die Bilder vom Suppenkaspar ansieht. Hat es Ähnlichkeit entdeckt – der dünne Marcus, der dünne Suppenkaspar? ›... er wog vielleicht ein halbes Lot und war am fünften Tage tot‹. Das Kind ist beunruhigt, man kann es nicht mehr übersehen.«

Da endlich entschließt sich die Seelsorgerin, das bisher so sorgfältig vermiedene Thema »Sterben« doch anzusprechen:

»»Marcus, alle Menschen müssen einmal sterben, besonders wenn sie so alt sind, wie meine Eltern es waren. Aber ich bin natürlich traurig, dass sie nicht mehr bei mir sind.‹

›Aber Kinder müssen nicht sterben!‹

›Doch – auch Kinder. Deswegen sollen die doch auf der Straße immer schön aufpassen, damit sie nicht totgefahren werden!‹

Nach einer bedächtigen Pause wieder Marcus:

›Warum müssen denn die alle sterben – was ist denn Sterben?‹

Mir wird klar, dass ich antworten muss. Und zwar sofort! Denn Zeit für große Überlegungen zum Begriff ›Sterben‹ bleibt mir nicht. Neben der drängenden Not dieses Kindes muss ich riskieren, etwas in dieser Situation zu sagen, das einer späteren Überprüfung auf seine theologische Richtigkeit nicht standhalten wird. Der Zwang, unter dem ich jetzt stehe, ist größer als die Redlichkeit der Aussage. Ich kann nur hoffen, dass Marcus meine Überforderung nicht spürt, und darauf vertrauen, dass meine Liebe zu ihm mich die Worte finden lässt, die ihm helfen.

Marcus ist nicht christlich erzogen worden, er weiß nichts von Gott. Ich setze mich mit ihm ans Fenster, und wir sehen hinaus zu den Bäumen. Ein paar Spatzen hüpfen zwischen den Ästen herum. Ich erzähle dem Kind, dass sie nicht einfach alle auf einmal da waren, sondern dass die Vögel jemand gemacht hat: so lustig und so frech, wie sie sind; und auch alle anderen Tiere, die Marcus kennt, und die Bäume, die Blumen, die wiederkommen, wenn es jetzt bald Frühling wird.

›Das alles hat sich einer ausgedacht, hat es gemacht, damit wir uns freuen. Er hat auch einen Namen, wir nennen ihn den lieben Gott. Ihm gehört alles auf der Welt; darum kann er auch sagen, dass das alles wieder zu ihm zurückkommen soll, wenn er es möchte. Alle Menschen hat er auch gemacht. Wenn Gott nun will, dass einer nicht mehr hier bei uns, sondern bei ihm leben soll, dann ruft er ihn und sagt: Nun komm wieder zu mir zurück! Dieser Mensch macht dann die Augen zu, redet nicht mehr mit uns und hört uns auch nicht mehr zu. Wir sagen dann: Nun ist er gestorben. Er kommt in einen Sarg – wie das Schneewittchen – und wird begraben. Jetzt lebt er nicht mehr bei uns, er lebt nun bei Gott! ‹

›Wo ist denn der Gott?‹

›Der ist überall, aber wir können ihn jetzt noch nicht sehen, erst wenn wir gestorben sind!‹

›Aber er ist da?‹

›Ja! Und er hat dich lieb. Du kennst doch das Lied *Weißt du, wieviel Sternlein stehen*, das hast du oft mitgesungen. Jetzt überlege mal, wie es aufhört!‹

Marcus denkt angestrengt nach – dann strahlend: ›... kennt auch dich und hat dich lieb! – Kann man mit Gott reden?‹

Ich bin erleichtert, kriege mehr Boden unter die Füße.

›Ja, das kann man. Ich rede jeden Tag mit ihm und sage, er soll immer gut auf dich aufpassen!‹

Das Kind ist sehr interessiert: ›Tut er das denn?‹

›Ja, das weiß ich ganz bestimmt!‹

›Aber du passt auch auf mich auf?‹

›Natürlich, das weißt du doch, du musst gar keine Angst haben!‹

Kleine Pause – dann dreht Marcus sich zur Wand um und sagt sehr freundlich: ›Du kannst jetzt gehen!‹

Ich bin fast bestürzt von dieser Entwicklung. Marcus hatte sonst immer versucht, mich bei sich festzuhalten, aber nun ist er mit der vorübergehenden Trennung einverstanden. Er musste die ganze Zeit vorher Angst vor dem Sterben gehabt haben, sicherlich hatte er irgendwo mehr mitgehört, als wir wussten. Mit seinen nun fünf Jahren konnte er seinen Zustand nicht selber einordnen und äußerte ihn in seiner panischen Trennungsangst. – Oder ahnte das Kind von sich aus, was kommen würde, hatte es ein eigenes inneres Wissen?«

Diese Vermutung scheint sich zu bestätigen in dem folgenden Erlebnis mit dem sterbenden Kind:»Frau S. und ich sitzen bei Marcus am Bett, als er sagt, er hätte geträumt. Träume erzählt er uns oft, in ihnen kamen immer schreckliche Ungeheuer, Riesen und Gespenster vor. Jetzt hatte er aber ›schön‹ geträumt – von Schneewittchen ... ›Schneewittchen war ganz lieb und ganz schön. Ich gehe mit ihr in den Wald – ganz weit weg. Ihr könnt nicht mitkommen, aber ich schreibe euch eine Postkarte!‹

Die Mutter und ich sehen uns fassungslos an: Der Junge sagt uns, dass er sterben wird, ist damit einverstanden – Schneewittchen ist lieb und schön – und tröstet uns, die Zurückbleibenden!

Mir wird auch deutlich, dass meine Erklärung, was Sterben ist, für ihn zu schwer war, darum hatte er sich selber ein Bild geschaffen, das seinem Alter entspricht, das ihm vertraut ist, eben das Schneewittchen – sein Todesengel!«

Wir können dieser Schilderung entnehmen, dass das Kind im Grunde längst weiß, was der Erwachsene ihm zu verheimlichen sucht, dass aber dieses unbewusste Wissen zugedeckt wird von dem Nichtwissen der Großen; dann wird Angst erzeugt. Entängstigend wirkt es, wenn das Wissen des Kindes die Bilder findet, in die es sich kleiden und dem Kind selbst zum Erleben kommen kann: der Todesengel in der Gestalt des »Schneewittchens«. Da ist keine Belehrung im üblichen Sinn mehr vonnöten; jetzt weiß das Kind mit Seelensicherheit und braucht den Erwachsenen nicht mehr als Lehrer. Im Gegenteil, es kann den Erwachsenen belehren, »trösten« – wenn dieser sich das gefallen lässt.

Das Kind fragt nicht nach Wissensinhalt, wenn es uns mit seinem »Warum?« löchert, sondern nach Bildern, in denen sein unbewusstes Wissen aufleben kann. »Ich weiß es – aber du musst mir die Worte dazu geben«, so könnte man den Vorgang zwischen Kind und Erwachsenem beschreiben. Der Erwachsene muss sich behutsam in die Seele des Kindes einfühlen und beschreiben lernen, was dort als Wissensschatz ruht, um ihm die rechten Bilder und Begriffe entgegenzubringen.

Was der Tod bedroht

Es war eher Zufall, dass der kleine Marcus das Bild vom »Schneewittchen« zugesprochen bekam, als er es brauchte. Wir sind heute insbesondere durch die Anthroposophie in der Lage, manches auch mit unserem Erwachsenenverstand zu begreifen, was das Kind wie selbstverständlich als seinen Wissensschatz aus dem Vorgeburtlichen mitbringt. Dadurch sind wir auch in der Lage – aber zugleich in der Verantwortung –, dem Wissen der Kinder dasjenige an Bildern entgegenzubringen, was sie zum Beleben ihres Seelenschatzes brauchen, was ihnen gegen allen äußeren Schein die Bestätigung dafür gibt,

dass das Leben wirklich einen Sinn hat,

dass der Mensch wirklich gut ist,

dass es sich den Wesen der Welt wirklich anvertrauen darf.

Hier treten wir in das Feld ein, wo, unserem Bewusstsein verborgen, die Kinder täglich vom Tod bedroht sind. Die eigentliche Bedrohung durch Todeskräfte, die das Kinderwesen tatsächlich schädigen, tritt gar nicht durch das natürliche Sterben auf, sondern wirkt in der Welt, in die hinein wir unsere Kinder aufwachsen lassen.

Was in unserer technischen Welt etwa spräche dem Kind vom Sinn des Lebens? Die größte Errungenschaft scheint es im Gegenteil zu sein, den Menschen ganz überflüssig zu machen. Jede Maschine, sei es der Kaffeeautomat oder der Staubsauger, ist eigentlich dazu da, den Menschen zu ersetzen. Das ist uns Erwachsenen ganz gelegen; den Kindern aber nimmt jede Maschine die Gelegenheit, eine Fähigkeit auszubilden, weil das, was die Maschine macht, nicht nachgeahmt werden kann. Da kann das Kind mit dem Leben nicht heran, wenn es das auch getreulich versucht. »Das Leben hat einen Sinn« – diese Sicherheit erleidet den Tod, indem sie der Welt, wie sie durch uns geworden ist, entgegengetragen wird.

»Der Mensch ist gut« ist auch nicht an jeder Straßenecke zu

erleben. Der Einkaufsrummel, der Straßenverkehr, sie sprechen eine ganz andere Sprache: von Selbstsucht und vom Suchen des eigenen Vorteils, von Rücksichtslosigkeit insbesondere den Kindern gegenüber.

Und dass die Welt von Wesen bevölkert ist, gilt auf den Straßen der Städte schon gar nicht mehr. So ersterben auch die Naturwesen zu Maschinen, toten Gebilden.

Unsere Welt ist von Todeskräften durchdrungen; die Ideale sterben jedesmal, wenn wir auf die Straße gehen. An ihre Stelle treten die äußeren Realitäten, die aber auf Todeskräften aufbauen, denen man sich letztlich ganz und gar ausgeliefert sieht (und ausgeliefert hat), und das erzeugt die Angst. Kann das Wissen der Kinder, das sie sich mitgebracht haben aus dem Vorgeburtlichen, auf Erden aufleben, dann kann daraus Seelensicherheit hervorgehen, die den natürlichen Tod nicht zu fürchten braucht.

Überlassen wir die Kinder bedenkenlos den Eindrücken der Außenwelt, so werden diese die Kinder auf ihre Weise belehren und das vorgeburtliche Wissen verdecken. Zunächst wird das Himmelswissen sich noch behaupten können, weil das Kinderwesen noch wie von einer schützenden Haut umgeben ist gegenüber den so ganz anders sprechenden Eindrücken der Welt um es her. Aber diese Haut hält nicht auf ewig. Und ist erst einmal der Zweifel an den eigenen inneren Überzeugungen rege geworden, zerstört er schnell diesen kindlichen Schutz.

Es ist keine Vermaterialisierung der geistigen Welt, wenn im Folgenden von den Himmeln als einem Haus mit vielen Zimmern gesprochen wird. Der Erwachsene erlebt Geistiges und Irdisches als Gegensätze; dem Kind spricht die irdische Form noch unmittelbar von geistiger Realität – von dem Sinn, der darin wirksam ist, von dem Wesen, aus dessen Schaffen sie hervorgegangen ist, von dem Wert, der Zuneigung zu dem Kind, die darin zum Ausdruck kommt.

So wollen wir zurückkommen zu der Ausgangsfrage, wie wir unseren Kindern in angemessener Weise vom Tod erzählen und sie dadurch zugleich für das ihnen bevorstehende Erdenleben erkraften können. Die günstigste Gelegenheit dafür ist zweifellos die Abendstunde, wenn die Kinder in lebensmäßig bildhafter Weise ihr Erdenkleid abgelegt, den Erdenstaub abgewaschen haben und bereit sind, den Schritt in den Schlaf zu tun, wenn sie also selbst vor der Erfahrung des Schwellenübergangs stehen. Was werden sie nun erleben?

Die Geschichte vom Himmelshaus

Wenn die Kinder eingeschlafen sind, dann nehmen sie sich an der Hand und laufen hinaus in den Wald. Sie laufen geschwind, bis sie zu einer Lichtung kommen.

Dort auf der Lichtung schauen sie hinauf zum Himmel. Über ihnen leuchten golden die zahllosen Sterne. Einer aber leuchtet heller als die anderen. Dem strecken die Kinder ihre Hände entgegen und rufen:

»Himmelshaus, Himmelshaus,
wirf uns deine Leiter 'raus!«

Da senkt sich aus dem leuchtenden Stern eine goldene Leiter herab, bis sie vor den Füßen der Kinder den Boden berührt.

Nun beginnen die Kinder, auf der goldenen Leiter emporzusteigen, höher und immer höher hinauf. Wohl dem Kind, das kein Päcklein auf dem Rücken tragen muss, angefüllt mit dummen Streichen und garstigen Worten; das macht das Klettern nämlich beschwerlich. Sonst aber geht es flink, ganz flink hinauf.

Je näher die Kinder dem leuchtenden Stern kommen, um so klarer können sie erkennen, dass es ein goldenes Haus ist – das Himmelshaus. Unsere Kinder sind heute unbeschwert und leichtfüßig die Himmelsleiter hinaufgekommen und eilen nun auf das Tor des Himmelshauses zu, um anzuklopfen. Da kommen sie am Tränenbrünnlein vorüber, das dort traurig rauscht.

Manchmal, wenn eins ganz arg gewesen ist, darf's nicht ins

Himmelshaus hinein, sondern muss erst eine Weile am Tränenbrünnlein sitzen. Dann hört es das Wasser drunten rauschen, traurig, ach so traurig, dass es selbst ganz traurig wird. Dann weint das Kind, und seine Tränen fallen ins Tränenbrünnlein und machen das Wasser ganz salzig.

Unsere Kinder klopfen ans Himmelstor. Da öffnen ihnen ihre Schutzengel und leiten sie an der Hand ins Himmelshaus. Dort kommen sie zuerst in einen Saal, der auf beiden Seiten große Fenster hat.

Jeder Engel führt sein Kind zu dem großen Fenster auf der rechten Seite und schaut mit ihm dort hinaus. Da sehen sie alles, was das Kind an dem zurückliegenden Tag erlebt und getan hat, das Gute und auch das weniger Gute. Über manches freut sich der Engel; manchmal schaut er wohl auch ernst oder etwas betrübt herab, und es kann auch geschehen, dass er sein Antlitz in seinen Schwingen birgt. Dann sagt sich unser Kind: »Das war nicht recht von mir getan. Morgen will ich es nicht mehr tun.«

Nachdem das Kind mit seinem Engel auf den vergangenen Tag hingeschaut hat, lässt es sich zu dem Fenster auf der linken Seite hinüberleiten und blickt auch dort hinaus. Das mögen die Kinder immer besonders gern, denn es zeigt sich ihnen, was ihnen der kommende Tag bringen wird. Sie sehen aber nicht sich selbst aufstehen und zum Kindergarten oder zur Schule gehen, sondern an ihre Stelle ist ihr Schutzengel getreten. Der steht auf, geht zur Schule, spielt mit den anderen Kindern, und er hat dabei eine ganze Fülle von guten Einfallen, wie man nett und freundlich sein kann. Das guckt sich unser Kind aufmerksam an und hofft, möglichst vieles davon am nächsten Tag noch erinnern zu können.

Wenn es aus den beiden großen Fenstern hinausgeschaut hat, führt der Engel das Kind in einen anderen Saal. Dort steht ein langer weiß gedeckter Tisch mit goldenen Tellern und goldenen Bechern. Da darf sich das Kind zusammen mit den anderen Kindern hinsetzen. Die Engel reichen ihnen Himmelsspeise und Himmelswein, und ein jedes darf essen und trinken, bis es gesättigt ist.

Nachdem sie gegessen und getrunken haben, dürfen die Kinder tiefer ins Himmelshaus hineingehen. *(Je nach der Jahres- und Festeszeit, in welcher die Geschichte erzählt wird, werden sich hier die Erlebnisse verwandeln. Der Weg, dem wir jetzt folgen, ist also nur einer von vielen möglichen Wegen.)* »Komm«, sagt der Schutzengel zu unserem Kind, »der Großvater freut sich auf deinen Besuch.«

Fröhlich folgt das Kind dem Engel. Zum Großvater geht es immer besonders gern. Als er noch auf der Erde lebte, hatte er den Kindern immer etwas geschenkt, und auch hier im Himmelshaus hat er stets eine Überraschung bereit.

An vielen Türen führt der Engel das Kind vorüber, bis er schließlich ganz hinten, dort, wo die kleine Stiege in den Paradiesesgarten hinausführt, eine Tür öffnet und das Kind eintreten lässt. Suchend schaut es sich unter all den weißgekleideten Gestalten um, die dort emsig beschäftigt sind. Wo ist nur der Großvater? Ach, dort drüben steht er ja und lächelt freundlich herüber. Wieso hat es ihn denn nicht gleich erkannt?

»Großvater«, ruft das Kind und eilt ihm entgegen, »du siehst ja so jung aus. Ich hätte dich beinah gar nicht wiedererkannt.«

Freundlich streicht der Großvater dem Kind über das Haupt.

»Gewiss sehe ich jünger aus«, erwidert er, »ich werde hier ja Tag für Tag jünger. Wenn ich ganz jung geworden bin, komme ich wieder auf die Erde zurück – als kleines Kind. Aber das dauert noch ein Weilchen.«

Ehe das Kind traurig werden kann, weil es den Großvater doch so gern jetzt gleich schon wieder auf der Erde bei sich hätte, flüstert er geheimnisvoll: »Schau einmal, was ich hier für dich habe.«

Da schaut das Kind und sieht in der Hand des Großvaters eine wunderschöne Blume – einen langen Stiel hat sie und einen ganz kugelrunden violetten Blütenkopf. Sie ist aber durchsichtig und leuchtend zart, dass es kaum wagt, das Blumengebilde anzufassen.

»Was ist das?«, fragt das Kind staunend.

»Eine Kaiserkrone für euren Garten«, erwidert der Großvater. »Ich habe sie aus Himmelslicht für euch geformt.«

»Kann ich sie denn mitnehmen, ohne dass sie kaputtgeht?«, fragt das Kind zweifelnd.

»Du brauchst sie nicht in deinen Händen mitzunehmen«, antwortet der Großvater, »ich gebe die Blume einem Sonnenstrahl; der trägt sie sicher hinunter in euren Garten. Und pass nur auf: Im Frühling und Sommer werden die Elfen dafür sorgen, dass sie sich in eine ordentliche Erdenblume verwandelt.«

Da freut sich das Kind. Aufmerksam schaut es dann den Weißgekleideten zu, was sie mit zarter Hand aus farbigem Licht bilden – einen wundersamen Blumengarten, schön wie ein Traum.

Endlich muss es sich doch abwenden, denn der Engel winkt ihm: Es ist Zeit.

Als es aus dem Raum tritt und an der kleinen Stiege vorüberkommt, fragt das Kind seinen Engel: »Darf ich noch schnell zu den Himmelskindern im Paradiesesgärtlein hinausschauen?«

Aber der Engel schüttelt den Kopf: »Heute ist dazu keine Zeit mehr. Aber morgen, wenn du wiederkommst, dann wollen wir uns ein wenig Zeit aufsparen, und dann darfst du mit den Himmelskindern spielen.«

So folgt das Kind seinem Engel hinaus vor das Tor des Himmelshauses, winkt ihm noch einmal zu, läuft dann mit den Geschwistern zu der goldenen Leiter und steigt leichtfüßig, ganz so, als ob es flöge, Stufe für Stufe zur Erde hinab. Dort angekommen, eilen die Kinder durch den Wald nach Hause, denn der Tag ist schon nahe, und bald wird die Mutter kommen, um sie aufzuwecken.

Nicht drastisch, aber konkret

Nicht vor dem Konkreten muss man sich bei dieser Geschichte vom Himmelshaus in Acht nehmen, wohl aber vor dem allzu

Drastischen – und vor dem, was den Erdengegebenheiten widerspricht. So würde es natürlich nicht stimmen, wenn man dem Kind weismachen wollte, es stiege leiblich in den Himmel hinauf. Dann wird man von ihm sehr schnell belehrt werden, dass das nicht gehe, weil man da ja herunterfalle.

Natürlich muss das, wovon man dem Kind erzählt, auch im täglichen Leben seinen Platz finden. Da kommen dann die Festgestaltungen, das Tischgebet, der Besuch der Sonntagshandlung zu ihrem Recht. All das gibt uns die Möglichkeit an die Hand, den äußeren Bildern, die auf das Kind eindringen und sein heimliches vorgeburtliches Wissen bedrohen, dasjenige als Erlebnis entgegenzusetzen, was das Kind zu seiner gesunden Entfaltung braucht. Wir leisten unseren Beitrag dazu, dass im Kind nicht frühzeitig ersterben muss, was ihm gerade Grundlage und Ermutigung für sein Erdenleben, sein Menschwerden sein soll, eben jene Überzeugungen:

Das Leben hat einen Sinn,

der Mensch ist gut,

den Wesen der Welt darf ich vertrauen.

Den Vorhang, der sich immer dichter zwischen der Welt ihres Ursprungs und der Erdenwelt herabsenkt, können wir für die Kinder ein wenig durchsichtig halten. Insbesondere die Einstellung zum Tod und das Sprechen darüber können dabei entscheidende Hilfen sein. Können wir unseren Kindern vom Leben der Verstorbenen erzählen, dass sie es miterleben und wahrhaben können, werden die Illusionsgewalten der Eindrücke, welche unsere zivilisierte und technisierte Welt liefert, nicht gar so leicht den Triumph über das Himmelswissen der Kinder davontragen. Etwas von dem Himmelslicht, das jedes Kind ins Erdenleben begleitet, darf dann weiterhin für es leuchten und die Gewissheit in sein Herz pflanzen: Wenn auch die äußere Erscheinung anders spricht, so weiß ich doch:

Das Leben hat einen Sinn;

der Mensch ist gut;

den Wesen der Welt darf ich vertrauen.

Kind und Engel

Kleine Vorbemerkung über die Zeit

Als eigenständige Gestalten treten die Engel in den Märchen der Brüder Grimm fast niemals auf. Aber das, was wir herkömmlich als Tätigkeit der Engel verstehen, ist tief verwandt mit dem, was im Märchenhören angeregt werden kann: das Führen der Persönlichkeit auf ihren eigenen Weg. Auch wenn wir davon sprechen, dass das Kind sein eigenes Wesen und Ziel aus dem Vorgeburtlichen schon in das Erdenleben mitbringt, rühren wir an die Sphäre der Engel. So sei ihnen in diesem Zusammenhang unsere besondere Aufmerksamkeit geschenkt.

Die Frage nach den Engeln scheint manchem deshalb etwas ungewöhnlich, weil er die Engel nicht mit Augen wahrnehmen kann. Mehr oder weniger bewusst hängen wir aber alle der Meinung an, dass in der Welt, in der wir leben und in der wir unsere Sinneseindrücke haben, letztlich alles Daseiende auch sinnlich zu erfahren sei. Die Sinneserfahrung gilt uns als Beweis für Wirklichkeit.

Das trifft für die Engel so aber nicht zu. Wir sollen an ihr Dasein glauben, auch ohne sie mit Augen zu sehen. Ist das aber so viel verlangt?

Es gibt einen weiten Erfahrungsbereich, den wir selbstverständlich als vorhanden akzeptieren und demgegenüber wir zugleich gar nicht auf die Idee kämen, ihn sinnlich erfahren zu wollen. Das kann uns sehr schnell und vielleicht recht überraschend deutlich werden, wenn wir uns fragen, was das denn für ein Lebensbereich ist, in dem wir sinnlich, mit Augen und Ohren, erfahren können. Es ist nämlich der ja doch sehr begrenzte Bereich der Gegenwart. Nur in der Gegenwart sind uns Sinneserfahrungen überhaupt möglich.

Wenn wir uns klar machen, dass im Zeitablauf dieser Augenblick, den wir als Gegenwart bezeichnen, außerordentlich vergänglich ist – immer, wenn wir ihn zu fassen suchen, ist er bereits vorüber –, dann können wir vielleicht auch empfinden, wie gewagt es ist, von allem, was es in der Welt gibt, in Zukunft, Gegenwart und Vergangenheit, zu erwarten, dass es sich einmal sinnlich erfahrbar in der Gegenwart einfindet.

Nun könnten wir uns immerhin entschuldigen, indem wir sagen: So eng begrenzt die Gegenwart auch gleich sein mag, als Menschen müssen wir uns damit zufriedengeben, denn wir können ausschließlich in ihr leben und Erfahrungen haben. Aber trifft das zu?

Für unsere äußeren Sinne ganz gewiss. Ich kann nur sehen, was ich vor Augen habe, nur hören, was gegenwärtig erklingt. Insofern mein Dasein Sinneserfahrung ist und damit verbundene Freude oder Leid an dieser Erfahrung, insofern ist es an die Gegenwart gebunden. Einen Ton, der verklungen ist, kann ich nicht mehr hören, er ist vorbei.

Diese Erfahrung gilt nicht nur für meine Sinne und die mit ihnen verbundenen seelischen Erlebnisse, sondern sie gilt auch für meinen Willen. An das, was geschehen ist, komme ich nicht mehr heran. Das ist ja oft bedrückend, etwa, wenn ich rückblickend bemerke, dass ich etwas falsch gemacht habe und es gern wiedergutmachen würde. Ich kann zwar anderes tun, Besseres; aber das einmal Getane selbst lässt sich von mir nicht wieder angreifen.

Aber ich bemerke doch zugleich auch, dass das Vergangene nicht völlig aus meinem Leben entschwunden ist. Es ist doch noch da; ich erinnere mich noch daran, und ich kann manche Erlebnisse sogar recht farbig in meine Seele zurückrufen, sodass ich noch einmal an ihnen eine Freude erleben kann oder auch ein Leid. Ich kann also feststellen, dass die Vergangenheit durchaus für mich zugänglich ist, ich auch in ihr lebe, nun aber nicht empfindend, sondern erinnernd. Im wesentlichen bewege ich mich in diesem Bereich mit meinem Denken, dem Denken, das Gesetzmäßigkeiten erfasst und Zusammenhänge erkennt. Das kann in der Gegenwart gar nicht heimisch werden, weil im unmittelbaren Eindruck das Unterscheidungsvermögen nicht funktioniert und der Abstand, den das Urteilen braucht, nicht zustande kommt.

Ich möchte ein Beispiel geben: Wir können, obwohl wir die Gegenwart ganz intensiv erleben und sogar sinnlich wahrnehmen, kaum mit Sicherheit sagen, was die wesentlichen Ereignisse unserer Gegenwart sind, weil die Empfindungen nach wichtig und unwichtig nicht fragen, sondern nur nach intensiv und weniger intensiv. Intensiv kann aber auch ein Zahnschmerz sein, der mich daran hindert, einen lehrreichen Vortrag gedanklich mitverfolgen zu können. Erst wenn die Erlebnisse abgeklungen sind, die Sinneserfahrungen sich zurückgezogen haben, kann das Verstehen einsetzen. Sein Lebensraum ist die Vergangenheit. Wir bemerken, dass dieser Begriff »Vergangenheit« eigentlich nur für den empfindenden Menschen gilt, nicht für den denkenden; der hat seine Gegenwart gerade in jenem nichtsinnlichen, nichtemotionalen Bereich.

Neben dem Erfahrungsbereich der Gegenwart öffnet sich uns also noch ein anderer Bereich, in dem wir ebenfalls mit großer Selbstverständlichkeit, wenn auch mit geringerer emotionaler Einbindung zu Hause sind: die sogenannte Vergangenheit, in der unser urteilendes Denken sich bewegt.

Ein zweiter nichtsinnlicher Bereich ist der der Zukunft. Er erscheint uns gegenüber Vergangenheit und Gegenwart als ganz besonders geheimnisvoll, denn wenn das Vergangene auch unserem Erleben entzogen ist, so war es doch einmal erfahrbar, und unsere Erinnerungen tragen die Spuren dessen, was wir mit Augen gesehen, mit Ohren gehört haben. Ja, manchmal scheint es uns sogar, als ob gewisse Düfte aus der Erinnerung fast wieder die Nase erreichen würden.

Die Zukunft aber ist nie durch das Nadelöhr der Sinneserfahrung hindurchgegangen, hat nie unsere Seelenerleben erfüllt (es sei denn eine sehr gegenwärtige Angst vor einer nicht fassbaren Zukunft, wenn etwa eine Prüfung bevorstand). Und doch lebt wiederum ein Teil von uns durchaus in der Zukunft und wäre nicht, wenn ihm die Zukunft verschlossen bliebe. Das ist aber nicht unser urteilendes Denken – sonst wären wir alle Propheten, die die Zukunft voraussagen könnten –, sondern unser Wille.

Stellen Sie sich vor, die Zukunft wäre unserem Erleben tatsächlich ganz und gar verschlossen, unser Zeiterleben endete bei der Gegenwart: Unser Wille müsste völlig erlahmen. Wir könnten nichts mehr tun, weil alles, was wir beginnen, in die Zukunft zielt. Jede Tätigkeit, die wir ausführen, hat ihren Ausgangspunkt nicht in der Gegenwart, auch nicht in der Vergangenheit, sondern in der Zukunft, denn ich tue etwas, um ein bestimmtes Ziel zu erreichen, und sei es nur, dass ich einen Nagel in die Wand schlage.

Überall, wo ich etwas verändern will, wo mein Wille lebendig wird, lebe ich in der Zukunft. Natürlich stelle ich mir oft auch dabei vor, wie das, was ich erreicht haben werde, aussehen wird. Die Sache selbst aber, die ich erreichen werde, ist noch ganz im Nicht-Sinnlichen, und es ist nicht einmal gesagt, dass ich es schaffen werde, sie aus dem nichtsinnlichen Bereich der Zukunft sinnlich erfahrbar in die Gegenwart hereinzuholen. Mein Wille kann sich engagieren, aber scheitern. Das, was ich mir erhofft habe, verwirklicht sich im Sinnesbereich der Gegenwart nicht.

Bleiben wir noch ein wenig bei dieser Willenserfahrung. Was geschieht, wenn ein Willensimpuls sich nicht verwirklichen lässt? Wir haben ja noch eine weitere erstaunlich beharrliche Meinung in unserer Seele hocken wie die, dass alles Daseiende auch sinnlich erfahrbar werden müsse. Das ist die Meinung, dass da zwei Ströme in der Zeit zu unterscheiden sind: der eine, der aus der Vergangenheit in die Zukunft fließt und macht, dass eine bestimmte Ursache in der Vergangenheit bewirkt, dass etwas in der Zukunft eintritt; und der andere, der aus der Zukunft in die Vergangenheit läuft und an dem es liegt, dass etwas, das eben noch zukünftig war, plötzlich vergangen ist.

Sind das aber die einzigen Bewegungen, die innerhalb des Zeitablaufs geschehen? Wohin zieht sich ein Willensimpuls zurück, der sich nicht verwirklichen ließ? Nehmen wir ein Beispiel: Jemand möchte Beethovens Violinkonzert spielen. Er nimmt die Geige zur Hand und setzt an und macht seine Erfahrungen: Es geht nicht. Was folgt? Ist damit der Impuls Vergangenheit geworden? Die Erfahrung des gescheiterten Versuchs ist es wohl, der Impuls aber wird, wenn es gut geht, nicht Vergangenheit, sondern zieht sich wieder in die Zukunft zurück, evtl. in eine sehr ferne Zukunft sogar, wenn der Virtuose, der sich da auf der Geige versucht hat, erst fünf Jahre alt war. Aber dann folgt das jahrelange Üben, das immer wieder impulsiert sein wird aus dem, was man in Zukunft einmal erreichen möchte – bis es endlich soweit ist, dass man das Vorspiel aufs Neue wagen kann.

Was nun in die sinnliche Erfahrung tritt, muss sich messen lassen an dem, was man gewollt hat, und wiederum kann man da beobachten, dass auch jetzt der Willensimpuls nicht in die Vergangenheit entschwindet, sondern in die Zukunft zurückkehrt. Da kann der Wille ihn noch einmal ergreifen, um ihm noch besser gerecht zu werden, wenn der Virtuose es wieder wagt, das, was er mit seinem Willen im Bereich der Zukunft ergriffen hat, nun sinnlich in die Erfahrungswelt der Gegenwart hereinzuholen.

Was wir von den Engeln wissen

Mit diesen Überlegungen zum Zeiterleben haben wir einen Hintergrund gewonnen, vor dem wir uns dem Engelthema leichter nähern können. Nun kann es uns im Grunde nicht mehr gar so sehr verwundern, wenn uns von Wesen gesprochen wird, die der Sinneserfahrung nicht fassbar sind, heißt das doch nur, dass sie nicht so in der Gegenwart leben, wie wir es mit einem Teil unseres Seelenlebens, durchaus nicht umfassend, tun. Wo die Engel beheimatet sind, wird uns jetzt schnell deutlich werden können.

Wer sind die Engel, und was für eine Aufgabe wird ihnen zugeschrieben?

Die verbreitetste Vorstellung ist die des Schutzengels, d.h. eines Wesens, das einem einzelnen Menschen als Begleiter beigegeben ist und für ihn sorgt in dem Sinne, dass in Augenblicken, da sein eigenes Bewusstsein nicht ausreicht, um eine mögliche Gefahr zu erkennen, der Engel die Führung übernimmt und seinen Schützling vor Übel bewahrt. Die Menschen nehmen also im Leben ein Wirken wahr, das aus einem höheren als dem menschlichen Bewusstsein hervorgeht.

Mit einem anderen Begriff könnten wir hier vom Schicksalswirken sprechen, von Ereignissen, die auf uns zugekommen sind, ohne dass wir sie gesucht hätten, von denen wir aber im Nachhinein sagen müssen, dass sie zu uns gehörten, dass es gut und richtig war, dass wir dies erfahren haben, jenem Menschen begegnet sind oder auch einen Einbruch im gewöhnlichen Lebensablauf akzeptieren mussten, der uns zu einer Neubesinnung über unsere Lebensziele geführt hat. Wir sprechen von Zufall, wenn wir mehr betonen wollen, dass etwas ohne unser bewusstes Zutun erfolgt ist, von Schicksal, wenn wir empfinden, dass in dem uns Zugefallenen eine Absicht erkennbar ist, etwas aus der Zukunft auf uns zukommt.

In einem solchen Gewahrwerden von Schicksalsfügungen rühren wir an das Wirken des Engels. Er tritt uns entgegen als ein Wesen, das anders in den Zeitverhältnissen lebt als wir selbst, das den Zusammenhang von etwas, das wir augenblicklich tun, mit Notwendigkeiten, die sich daraus für die Zukunft ergeben, fortwährend wach im Bewusstsein hat und in Beziehung bringen kann mit dem, was als das Lebensziel mit unserem Leben verbunden ist. Indem wir auf den Engel als den Schutzengel eines Menschen schauen, tritt uns dieses umfassendere Bewusstsein vor die Anschauung sowie die aus diesem Bewusstsein hervorgehende Tätigkeit, dies alles in Harmonie zu bringen, den Menschen auf seinem Weg zu geleiten, aber auch auf seinem Weg zu halten, wenn er abirren will.

Was wir selbst als Ziel für unser Leben empfinden, wonach wir mitunter auch fragen mögen, von dessen Dasein wir in einer bestimmten Schicht unseres Wesens aber überzeugt sind, das nimmt im Engel Gestalt und Eigenwesen an. Der Engel lebt uns unsere Ideale dar, unsere Ziele im Geistigen. Wir finden in ihm das, was wir im Grunde genommen hier auf Erden wollen, aber unter den Verhältnissen entweder vergessen oder nicht zu tun vermögen, weil unser Wille schwach geworden ist. Es gibt nichts Gutes, das wir wirklich subjektiv für gut halten, das wir nicht als Eigenschaft unseres Engels annehmen würden. Sein Bild baut sich auf aus dem, was wir für positiv, sinnvoll, gerecht erachten.

Wie die Engel dargestellt werden

Nun können wir die Aussage der Engelbilder alter Meister gut verstehen und in ihnen das uns Bekannte wiederfinden. Das Äußere, das zunächst eher hinderlich sein konnte, um sich dem Wesen der Engel zu nahen, kann nun gerade das Wesen aussprechen, das uns schon bekannt geworden ist.

Wenn die Künstler früherer Zeiten die Engel mit großen Schwingen abgebildet haben, so haben sie damit andeuten wollen, dass es sich um Wesen aus einem anderen Bereich handelt als dem Irdischen, um Wesen aber, die durchaus in den irdischen Bereich hereinkommen und sich daraus auch wieder lösen können. Aber noch ein anderes ist mit dem Bild der Schwingen verbunden: das Erfahren des Beschützt-Werdens. So ist es etwa in den Psalmen ausgesprochen, wenn es da heißt:»Im Schatten deiner Flügel wollest du mich bergen.« Nicht nur die Möglichkeit, sich aufzuschwingen, findet ihr Abbild in den Flügeln der Engel, sondern auch der Schutz, den die ausgebreiteten Schwingen gewähren und den die Menschen in der Gegenwart ihres Engels erfuhren.

Ein weiteres wesentliches Merkmal der Engel in den Bildern früherer Künstler sind ihre Instrumente. Sie schlagen nicht nur die Harfe, sondern spielen eine große Fülle ganz verschiedener Instrumente, von den Posaunen über die Streichinstrumente bis hin zu Orgel und Pauke. Nicht das ist wichtig, dass alle das gleiche Instrument spielen – und dann vielleicht gar noch einstimmig –, sondern dass ihr unterschiedliches Spiel harmonisch zusammenklingt. Da haben wir im Bilde das ausgedrückt, was wir als das Wirken im Schicksal eines einzelnen Menschen vor uns hatten: die Engel als diejenigen, die für Harmonie sorgen, jetzt aber nicht nur in Bezug auf das Schicksal eines einzelnen Menschen – dazu würde es reichen, das eigene Instrument ordentlich zu stimmen und die eine Stimme fehlerfrei zu spielen –, sondern so, dass alle Einzelschicksale in einer großen Sinfonie – in den Zeitverhältnissen einer Lebensepoche der Menschheit – zusammenklingen.

Wenn wir uns für die Engel interessieren, so ist es unangemessen, im Sinnesbereich nach ihnen zu suchen, weil sie gar nicht in der Gegenwart leben, weil kein menschlicher Wille sie aus dem Bereich des Zukünftigen in das Irdische hereinbannen kann. Insofern es um gegenwärtige – und das heißt zugleich sinnliche – Erfahrung geht, entziehen sich uns die Engel. Sie werden für uns aber ahnbar, erreichbar, wenn wir uns ihrem ganz eigenen Bereich zuwenden: dem zukünftigen Werdens. Da stoßen wir schnell auf ihre Spuren.

Wir können die drei Zeiten unseres Zeiterlebens auch einmal so unterscheiden, dass wir sagen:

Gegenwart ist Menschenzeit; was durch uns geschehen muss, kann nur in der Gegenwart geschehen;

Zukunft ist Engelzeit; im Idealismus, in unseren Impulsen erleben wir ihr Wesen;

Vergangenheit ist Erdenzeit; die Spuren unseres Wirkens prägen sich der Erde ein und können dadurch zu Erfahrung werden.

Wie lässt sich der Engel erfahren?

Lässt sich dieser Geflügelte, dessen Schutz wir unterstellt sind, lässt sich dieser Musizierende in unserem Leben tatsächlich erfahren? Wie lernen wir, die Unwahrnehmbaren doch wahrzunehmen? Welcher Ansatz kann dazu gefunden werden?

Der Ansatz ist ganz naheliegend. Man schaue hin auf das Feld, auf dem der Engel sich als Schützer, als Führer, als Musikant betätigt: auf das Feld des eigenen, persönlichen Schicksals. Man tue dies aber nicht in der Erwartung, dass die Spuren des Engelwirkens einem dabei gleich unmissverständlich ins Auge springen. Vielmehr befrage man die Begebenheiten, die man im Rückblicken erinnert, die Tatsache geworden sind, darauf, ob sie eigentlich ganz selbstverständlich so und nicht anders eingetreten sind.

Rudolf Steiner rät, das Bewusstsein für das Wirken der Engel dadurch zu schärfen, dass man sich im Rückblick auf den Tag fragt: Was ist heute nicht eingetreten? Anders ausgedrückt: Was ist heute verhindert worden? Er fügt den Hinweis an, dass kein Tag vergehe, ohne dass ein kleines Wunder geschehen sei. Wir denken dabei vielleicht gern an den verpassten Bus am Morgen, der dann einen Unfall hatte, eine Erfahrung, von der der eine oder andere berichten kann. Gemeint sind aber auch die unscheinbareren Erfahrungen, die so alltäglich sind, dass wir sie kaum mehr registrieren.

Über solche Erfahrungen gibt es heute bereits eine ganze Fülle von Berichten. Wir haben ja gerade einen gewissen Engel-Boom auf dem Buchsektor hinter uns, der aber herrührt davon, dass zahlreiche Menschen heute von Engelbegegnungen berichten können. Neben manchem Skurrilen gibt es auch viel gute Literatur darüber.

Interessant in diesem Zusammenhang ist etwa ein Phänomen aus den USA. Dort ist 1990 ein Buch herausgekommen mit dem Titel »A Book of Angels«, Engelbuch. Ganz am Ende macht die Autorin Sophy Burnham eine kurze Bemerkung: »Wenn Sie mys-

tische Erlebnisse hatten, die Sie gern mitteilen möchten, schreiben Sie an ...«. Bereits ein Jahr später kann sie aus den Hunderten
und Hunderten von Zuschriften ein zweites Buch zusammenstel-
len, »Angels Letters«, Engelbriefe. Es zeigt sich daran, dass heute
zahllose Menschen erleben, dass in ihr Schicksal von einem
schützenden Genius eingegriffen wird. Wer die Schilderungen,
insbesondere der Zuschriften an Sophy Burnham, liest – sie sind
auf deutsch unter dem Titel »Die Nähe Deiner Engel« erschienen
– und sich über die Beschreibungen der Engel wundert, der möge
bedenken, wie schwierig es sein muss, die Begegnung mit einem
übersinnlichen Wesen im eigenen Bewusstsein zu halten und
dann auch noch in Worten zu vermitteln.

Für die Kinder seien aber in diesem Zusammenhang besonders die kurzen Darstellungen von Jakob Streit in seinem Buch
»Unsichtbare Wächter« empfohlen. Streit hat darin »Berichte
von seltsamen Schicksalserlebnissen« gesammelt, die die Hilfe
des Schutzengels ahnen lassen. Darunter findet sich zum Beispiel
auch die Erfahrung von dem zehnjährigen Bruno, der in einer
großen Stadt allein mit seiner Mutter wohnt, die den Lebensun-
terhalt erwerben muss. Eines Tages kommt sie krank nach Hause.
Der Arzt muss gerufen werden und will sie gleich ins Krankenhaus
einweisen. Das lehnt die Frau ab, da ja sonst ihr Sohn allein wäre.
So schickt der Arzt das Kind gleich in die Apotheke, um die not-
wendigen Arzneien zu kaufen. Der Apotheker ist mit seiner Frau
ins Theater gegangen, und der Gehilfe liest ein spannendes Buch
und ist ungehalten, als die Türglocke schellt. Rasch füllt er die er-
betenen Medikamente ab und gibt sie dem Jungen. Als er dann die
Flaschen wieder an ihren Ort zurückstellen will, bemerkt er, dass
es eine Verwechslung gegeben hat: Was er dem Jungen als Arznei
abgefüllt hat, ist in Wirklichkeit Gift. Da rennt der Gehilfe auf die
Straße in der Hoffnung, den Jungen noch zu erwischen. Aber trotz
des Schnees auf den Straßen kann er seine Spur nicht entdecken.
Er ist verzweifelt. Lesen kann er nicht mehr. Plötzlich läutet die
Türglocke noch einmal, und draußen steht der Junge, dem er die

falsche Flüssigkeit abgefüllt hatte, steht da ganz betreten, weil er in der Eile gestürzt war und das Fläschchen zerbrochen hat. Das Glück des Gehilfen können Sie sich selbst ausmalen, der willig ein neues Fläschchen füllte und dem Jungen schenkte.

Ähnlich vielsagend ist der Bericht von dem Lehrer, der mit seiner Klasse im Gebirge wandert und ihr eingeschärft hat, seinen Worten unbedingt zu gehorchen. Plötzlich ruft er:»Halt, ich muss mir den Schuh binden.« Die ganze Klasse steht still. In dem Augenblick kracht ein Fels direkt vor ihnen auf den Weg. Die Kinder sind erstaunt, wie der Lehrer das wissen konnte. Der aber wusste gar nichts, nicht einmal, warum er den Befehl gegeben hatte, denn seine Schuhbänder waren beide fest gebunden ...

Sich dem Engel zuwenden

Wenn man als Pfarrer immer wieder auf ein Leben zurückschauen muss, um anlässlich einer Bestattung einen Überblick über den Lebensweg des Verstorbenen zu geben, so kann man gerade aus dem Abstand, den man da hat, eigentlich in jedem Fall eine Figur erkennen, die sich aus der Fülle der Einzelereignisse und Stationen herausschält und die davon spricht, dass dieses Leben unter einer zielvollen Führung gestanden hat.

So kann man selbst am Abend auf den Tag zurückschauen und dabei in der eigenen Seele das Gefühl der Dankbarkeit entfalten für das, was einem an Gutem und an Schwerem begegnet ist, was einem gelungen ist und was einen vielleicht die eigene Unvollkommenheit hat erfahren lassen. Denn das Empfinden der Dankbarkeit öffnet das Auge für das, was nicht aus eigenen Kräften hervorgegangen ist, sondern aus dem Walten des Engels im eigenen Schicksal.

Auf zwei ganz verschiedene Erfahrungen kann man dabei besonders die Aufmerksamkeit lenken: auf das, was einem als Gnade zugekommen ist, und auf das, was einem als Schweres widerfahren ist. Beides spricht auf je unterschiedliche Weise vom Wirken aus einem anderen Bewusstsein als dem eigenen. In der Gnade offenbart sich der, der uns beschenkt, in dem Schweren der, der uns führt und unsere Kraft prüft.

Gerade auch hierfür, das Schwere als etwas anzusehen, was vom Engel empfangen ist, gibt es eindrucksvolle Schilderungen. Erschütternd aber ist, wie Viktor E. Frankl, der amerikanische Psychiater, der als Jude im Konzentrationslager gelitten hat, das Verständnis für seine Schicksalserfahrung künstlerisch gestaltet: In einem kurzen Theaterstück, das er »Synchronisation in Birkenwald« nennt, stellt er dar, dass in der Uniform des SS-Manns der Schutzengel wirkt, dass aber die Qualen, die der Schutzbefohlene durch ihn, den Engel, erfährt, gerade die eigene Kraft des Guten erwecken und erkraften soll. Keiner, der nicht selbst durch einen solchen Abgrund des Leides gegangen ist, dürfte so sprechen. Das erwähnte Stück findet sich in dem Buch »Trotzdem Ja zum Leben sagen«, das auch als Taschenbuch erhältlich ist und ganz überraschende, wunderbare Zeugnisse der Menschlichkeit unter den KZ-Verhältnissen enthält.

Die Dankbarkeit kann im Rückblick auf das Erfahrene den Sinn für die Hilfe des Engels öffnen.

Am Morgen im Vorblick auf das, was der Tag bringen mag, kann ein anderes Empfinden den Dienst leisten, uns mit dem Wesen des Engels zu verbinden, das Empfinden des Vertrauens: Was mir auch begegnen mag, es lebt im Bewusstsein meines Engels, kommt mir von ihm zu und ist Stufe auf einem Weg, den ich selbst einst bejaht habe. Solches Empfinden lässt mich mutiger den Anforderungen des Tages entgegentreten.

Immer aber bedarf das Wahrnehmen des Engels der Ruhe, vor allem der inneren Ruhe, des Zurücktretens von allen Pflichten, allen Überlegungen, allen Sorgen, des Empfindens, das eigene Sein in die Hände seines höheren Wesens legen zu können. Wer dem Engel begegnen will, kann nicht umhin, bewusst solche Augenblicke der Ruhe im Tagesablauf einzurichten, am Morgen im Vorausblicken auf den Tag, am Abend im Rückblicken auf das Erfahrene. Dabei geht es nicht darum, lange Zeiten auszusparen, sondern für einen Augenblick wirklich in die Ruhe einzutauchen.

Dabei kann es hilfreich sein, nicht dem Auf und Ab der Seele schlicht Schweigen zu gebieten, denn die liebe Seele zeigt sich dann zumeist ungehorsam, sondern an die Stelle der die Seele durchhuschenden Erinnerungsbilder ein anderes Bild zu rücken, eben ein Erinnerungsbild an ein Erlebnis in der Natur, das mit einer tiefen Ruhe-Erfahrung verbunden ist, sei es eine Erinnerung an die ruhige Majestät eines Bergesgipfels oder des ruhigen Spiegels eines Sees. Indem die Seele sich da löst von dem Gebundensein in die Erlebnisse des Tages, die sie ins Äußere binden, kann das regsam werden, was aus der Welt des Übersinnlichen an die Seele rührt.

Aber auch jede Kunstbetrachtung hat etwas von dieser Qualität, aus dem Bereich des gegenwärtig sinnlich Erfahrbaren hinüberzuleiten in einen anderen, übersinnlichen Bereich, aus dem Sinn und Gestalt herrühren. Denn Kunst ist Sinnesbeobachtung, die geradezu darauf angelegt ist, über sich selbst hinauszuführen zu dem Quell, aus dem der künstlerische Wille geflossen ist, dem er im Sinnlichen Ausdruck geben wollte.

Erfüllen tut sich das, was wir so als Engelerfahrung tagsüber bewusst in unseren Erinnerungen, in unseren Willensimpulsen aufsuchen können, im Schlaf. Ja, die Begegnung mit unserem Engel ist sogar der entscheidende Grund dafür, dass wir den Schlaf immer wieder suchen. Rudolf Steiner fasst in einem Vortrag dieses Erlebnis, dem Engel im Schlaf zu begegnen, mit den Worten zusammen:

»Ich schlafe ein. Bis zum Aufwachen wird meine Seele in der geistigen Welt sein. Da wird sie der führenden Wesensmacht meines Erdenlebens begegnen, die in der geistigen Welt vorhanden ist, die mein Haupt umschwebt; da wird sie dem Genius begegnen. Und wenn ich aufwachen werde, werde ich die Begegnung mit meinem Genius gehabt haben. Die Flügel meines Genius werden herangeschlagen haben an meine Seele« (Berlin am 20. Februar 1917).

Der Erwachsene und der Engel des Kindes

Die Beschäftigung mit dem Engel ist für den Erziehenden deshalb wichtig, weil, ob er es will oder nicht, das Kind ihn zu seinem eigenen Engel personifiziert: Von ihm will es erfahren, welchen Weg es einschlagen und wie es sich verhalten soll. Dem Erzieher aber obliegt es, diese Führung nicht aus eigener Willkür, aber auch nicht aus einer scheinbar allgemeinen Entwicklungsgesetzmäßigkeit, die für alle Kinder gleich ist, herzuleiten, sondern aus dem Wesen desjenigen Kindes, mit dem er es konkret zu tun hat, aus seinen Veranlagungen und seinen Zielen. Er muss es aus dem Engelbewusstsein herleiten, denn in diesem Bewusstsein leben die Zukunftsziele des Kindes, in ihm wird das Wesen des Kindes fühlbar.

Wahre Pädagogik ist Engelpädagogik in dem Sinn, dass das, was für das Kind jeweils nötig ist, der Erziehende zu erspüren sucht, indem er das Kind nicht nur tagsüber erlebt, sondern im Nachbesinnen sein Wesen vor die Seele ruft. Die Erfahrung bestätigt sich immer wieder, welche Wirkung allein von der Tatsache ausgeht, dass Menschen sich um ein solches Anschauen des wahren Wesens des Kindes bemüht haben. Bei Schwierigkeiten hilft es oft mehr, gemeinsam über ein Kind zu sprechen, als drakonische Strafmaßnahmen zu ergreifen. Es ist, als würde das Bewusstsein der Erwachsenen eine Brücke bauen zwischen dem Engel und seinem Schutzbefohlenen, sodass die wahren Impulse wieder stärker eingreifen können.

Weil er die Aufgabe eines Engels für das Kind übernimmt, ist es gut, wenn derjenige, der Kinder erzieht, sich ins rechte Verhältnis zu dem Engel der Kinder setzt, je konkreter, umso besser.

Das Kind und sein Engel

Aber auch die Kinder sollten ihrem Engel begegnen, und zwar nicht nur nachts, sondern auch am Tage im Umgang mit anderen Menschen. Sein Wesen und Wirken sollte sich aussprechen und ihnen damit die Möglichkeit geben, eine Erfahrung, die in der Kindheit besonders intensiv dasein kann, benennen und erinnern zu lernen. Denn das haben wir als Erwachsene ja alle erfahren: wie wichtig die Kindheitserlebnisse für unser späteres Leben geworden sind.

Wo erleben die Kinder am Tag den Engel? Wie können sie das Verhältnis zu ihm pflegen? Diese Frage möchte ich jetzt nicht übersinnlich verstanden wissen, sondern durchaus im Sinne einer Begegnung mit dem Engel in den täglichen irdischen Verhältnissen. Wo spricht sich im Leben des Kindes die Nähe des Engels für es aus?

Dabei ist gewiss eines als ganz wesentlich zu berücksichtigen: Nicht von ungefähr handelt es sich bei dem Engel um ein unsichtbares Wesen, ein Wesen also, zu dessen charakteristischen Eigenschaften es gehört, dass es sich nicht in die Wahrnehmung hineindrängt, sondern offenbar den seinem Schutz Anbefohlenen gern etwas freier lässt. Es wäre bestimmt nicht im Sinne des Engels, wenn es für das Kind an jeder Straßenecke heißen würde: Was soll denn jetzt dein Engel von dir denken? Ganz abgesehen davon, dass er ja kein Besserwisser-Onkel ist, sondern ein liebender Beschützer.

Insofern sind die Augenblicke einer besonderen Engelnähe gefragt, diejenigen, in denen das Kind ganz real in die Beziehung zu seinem Engel tritt. Das kann am Morgen zum Ausdruck kommen, wenn es den Tag im Vertrauen auf die Begleitung durch seinen Engel beginnt. Besonders günstig aber ist die Zeit vor dem Zu-Bett-Gehen. An der Schwelle zum Schlaf ist die Seele des Kindes offen und hört gern von ihrem Schutzengel, und in dem Alter, in dem mit der Dunkelheit der Nacht sich eine gewisse Furcht einschleicht, hat die Gewissheit, dem Schutzengel nahe zu sein, auch etwas Tröstliches, Ermutigendes.

Es gibt den alten Spruch von den vierzehn Engeln, die um das einschlafende Kind wachen, und ich habe an den jüngeren Kindern immer wieder die mich selbst überraschende Freude erlebt, diesen Spruch zu hören, und zwar nicht nur einmal, sondern gleich mehrmals hintereinander.

Alle Augenblicke während des Tages, die im Ablauf eine gewisse Ruhe und Besinnlichkeit eintreten lassen, sind im Grund Erfahrungen, die in die Nähe des Engels führen: jedes Tischgebet, aber auch das Atmen zwischen außen und innen. Für uns selbst haben wir uns bereits deutlich gemacht, dass die Erfahrung des Engels eine ruhige Seele voraussetzt. Für das Kind, das im Eintauchen in das Wesen seines Engels erst zu dem kommt, was für uns im Erwachsenenalter der Selbstbesinnung entspräche, sind solche Augenblicke besonders wichtig.

Die heutige Zeit lässt aber im allgemeinen gar nicht zu, dass eine Seele zur Ruhe kommt, auch keine Kinderseele. Nicht für die physische Gesundheit, für die genügende Wachheit ist die Pause zwischen den Zeiten des Angespanntseins nötig, sondern dafür, dass sich in der Seele anderes regen kann als das Reagieren auf Eindrücke des äußerlich ablaufenden Lebens.

Die Kinder brauchen die konsequent wie einen Atemrhythmus herbeigeführten Augenblicke der Ruhe, in denen sie aus dem Ertrinken in der Sinneswelt auftauchen können und eintauchen in die Nähe zu ihrem Engel, um gesund und stark zu werden, auch wenn sie nicht müde sind und mittags nicht schlafen wollen.

Ich habe erlebt, wie gern die Kinder, auch die schon etwas Größeren, also Schulkinder der Unterstufe und, wenn sie es gewöhnt sind, auch darüber hinaus, »Himmelshausgeschichten« hören. Was wir unter uns Erwachsenen ja nur mit einer gewissen Vorsicht tun können – dass wir uns Vorstellungen zu schaffen versuchen von den Engeln und ihrem Wirken –, das kann für die Kinder ganz bildhaft erlebbar gemacht werden. Im Religionsunterricht der ersten und zweiten Klasse spielen solche Erzählungen eine wichtige Rolle. (Ein mögliches Grundmuster für eine solche Erzählung findet sich im Kapitel »Mit Kindern über den Tod sprechen«.)

Engel-Bewusstsein pflegen

Ich möchte an den Schluss ein Bild stellen, das uns das Verhältnis des Kindes zu seinem Engel in die Seelen malen kann.

Da ist das Kind, das aus dem Himmel, der für uns immer etwas Zukünftiges hat, über die Brücke auf die Erde kommt, Erdenmensch werden will. Hinter ihm steht der Engel mit den großen Flügeln, von dem es ausgeht; vor ihm stehen die Eltern, zu denen es geht. Auf dem Angesicht der Eltern aber spiegelt sich für das Kind der Glanz seines Engels. Was von ihm ausgeht, sucht es bei ihnen wiederzufinden.

So können wir uns die Kindheit einmal malen: als die Brücke, über die das Kindeswesen herankommt, schreitend zwischen dem Engel und uns, denen es sich anvertraut. Wir aber sind es, die dem Engel entgegensehen, indem wir das Kind empfangen, und die seinen Glanz bewahren können für das Leben des Kindes in der Art, wie wir uns darum bemühen, das Wesen dieses Engels zu beachten, und indem wir dem Kind auch das Bewusstsein für seinen leuchtenden Begleiter wach halten, dass es sich, einmal auf Erden angekommen, immer bewusster selbst zu ihm umwenden und in seinem zukunftsträchtigen Wesen die guten Impulse für das eigene Leben und Wirken suchen und wiederfinden kann.

Jahreskreis und Festeskreis

Feste – eine spezielle Menschenangelegenheit

Das Festefeiern ist dem Märchenhören verwandt, regt es uns doch dazu an, aus den Kräften, die wir in der eigenen Seele tragen, zu gestalten, allerdings nicht nur uns selbst, sondern auch die Welt um uns her.

Der Jahreslauf, in welchen die Feste eingebettet sind, ist eine kosmisch bedingte Naturtatsache. Auf den Winter folgt der Frühling, der Sommer, der Herbst; dann wird es wieder Winter. In diesem Kreislauf drückt die Erde ihr natürliches Verhältnis zum Kosmos, insbesondere zur Sonne, aus.

Der Festeskreis ist keine kosmische und auch keine Naturtatsache, sondern spezielles Menschenwerk. Es wird nicht Ostern, weil der Frühling gekommen ist, sondern es wird Ostern, weil Menschen dieses Fest der Frühlingsnatur einprägen. Wenn wir also nach dem Hintergrund, dem »Sinn« der Festgestaltung fragen, fragen wir im Grunde nach dem Menschen und danach, was ihn veranlasst, in den natürlichen Jahreslauf Feste feiernd einzugreifen.

Obwohl die Feste keine Naturangelegenheit sind, wirken sie doch in die Natur hinein. Sie haben naturverwandelnden Charakter. Das kann man hier in unseren Breiten oft daran spüren, dass einem der Festtag wie atmosphärisch greifbar zu sein scheint; etwas liegt in der Luft, das zu diesem bestimmten Fest hinzugehört. In anderen Breiten der Erde würde man dies vergeblich suchen; es ist nicht vorhanden, weil die Menschen es der Erdenaura dort noch nicht eingeprägt haben.

Eine besonders eindrückliche Wahrnehmung dieses Zusammenhanges konnte ich machen, als ich als Pfarrer in Johannesburg stationiert war und von dort aus eine kleine Gemeinde im damaligen Südwestafrika zu betreuen hatte, die sich weit außerhalb von Windhoek auf einer Farm zum Gottesdienst versammelte. Auf diesen Farmen gibt es viel Wild, aber man sieht es selten. Nur wenn ich am Sonntagmorgen herausgefahren kam, standen die Kudus am Straßenrand und schauten mir nach. Sie hatten den Sonntag kennengelernt als den Tag, an dem sie keine Angst vor Jägern zu haben brauchten. Sie hatten auf ihre Weise Anteil am Sonntag der Menschen gewonnen.

Warum Kinder Feste lieben

Kleine Kinder lieben Feste. Man braucht nur zu sagen: »Bald ist Ostern« oder »Bald ist Himmelfahrt« – schon ist die Freude da. Sie leuchtet aus den kleinen Augen, sie zeigt sich als leichtes Rot auf den warmen Wangen, und sie macht, dass die Kinder hüpfen müssen oder zappeln, je nach Veranlagung.

Warum lieben die Kinder die Feste so sehr? Warum suchen sie im Alltäglichen das Wunder? Weil das Wunder in ihnen selbst steckt, weil sie selbst ein Wunder sind, und weil sie spüren: Dieses Wunder in ihnen selbst, dieses ganz andere, das alles zu verwandeln vermag, das kann in ihnen durch die Feste geweckt und gestärkt werden.

Wenn wir auf das Verhältnis vom Festeskreis zum Jahreslauf blicken, dann können wir darin etwas dem Menschen erstaunlich Verwandtes bemerken. Der Jahreslauf ist das leiblich Festgelegte, das, an dem das Gestalten ansetzen und das Vorgegebene mit Sinn erfüllen und vollenden kann. Insofern scheint das Festgestalten nicht nur eine typische Menschenangelegenheit zu sein, sondern eine Angelegenheit, die das Menschliche im Menschen in besonderer Weise zu fördern vermag, indem sie es zum Tätigwerden aufruft.

Nehmen wir als Beispiel den Frühling. Was ist das Vorgegebene? Vorgegeben ist, dass die Kälte des Winters der Kraft der Sonne weicht. Der Einfluss der Sonne nimmt deutlich wahrnehmbar zu

– ihr Licht, ihre Wärme. Die Tage werden länger (das Dunkel der Nacht entzieht sich immer mehr dem Wahrnehmen der Kinder), und man braucht keine dicken Mäntel mehr anzuziehen, wenn man nach draußen gehen will. Die Welt wird behaglicher, kommt uns freundlicher entgegen, lädt uns ein, hinauszugehen und uns an ihren Frühlingsgaben zu erfreuen. Die Vögel haben uns schon seit langem frühmorgens lauthals gerufen und verkündet, dass der Frühling nahe sei. Die Knospen an Büschen und Bäumen sind immer mehr angeschwollen, und endlich sind sie aufgesprungen und haben sich zu Blüten entfaltet. Sie sorgen dafür, dass diese Zeit die schönste Zeit im Jahr ist. Welch eine Verzauberung der kargen, farbarmen, erstorbenen Winternatur vermögen sie zu bewirken!

Das ist das, was in der Natur vorgegeben ist, wenn es Frühling wird. Was machen wir Menschen aus den natürlichen Vorgaben der Jahreszeit, wenn wir Ostern feiern?

Schon die Freude, die wir innerlich empfinden, wenn wir das Erwachen der Natur zu neuem Leben und zu neuer Schönheit wahrnehmen, gehört nicht mehr zu den Naturphänomenen, sondern ist etwas, das wir aus uns selbst hinzufügen – allerdings brauchen wir uns dafür nicht anzustrengen. Das erwachende Leben begrüßen wir mit Freude. Wir könnten auch anders sagen: Das erwachende Leben verwandelt sich in unserer Seele zu Freude. Draußen das Leben – im Inneren die Freude: das sind zusammengehörige Phänomene. Allerdings zwingt uns nichts, am Frühling Freude zu erleben. Doch gilt, dass derjenige, dem es nicht gelingt, Freude am neuen Leben der Natur zu empfinden, von diesem neuen Leben ausgeschlossen bleibt, keinen Zugang dazu findet. (Diese Tatsache ist denn auch der Grund dafür, dass gerade im Frühling Menschen in Depressionen verfallen, weil sie sich vom Neuwerden ausgeschlossen fühlen und dann zum Selbstmord neigen.) Der Anteil des Menschen am sich neu regenden Leben in der Natur muss also durch eine gewisse Gestimmtheit der Seele erst vermittelt werden. Was erleben wir an der Natur, das uns so freudig stimmt? Machen wir uns recht deutlich, dass wir gar nicht nur das erleben, was die Natur uns im Frühling zeigt. Die Frühlingsnatur wird uns zum Bild für etwas, das unserer eigenen Seele angehört und das von den Vorgängen in der Natur geweckt wird. In uns selbst empfinden wir, dass wir auch als Menschen neues Leben und neue Entfaltung finden können, und zwar noch auf andere Weise als die, dass im Frühling auch unsere eigenen Lebenskräfte angeregt werden.

Dass aus dem Frühlingsgeschehen ein Fest wird, dazu bedarf es noch etwas Weiteren. Es bedarf des Erkennens, worauf die äußeren Bilder uns in unserem eigenen, besonderen Sein als Menschen hinweisen. Denn, wie gesagt, das Menschliche ist nichts Fertiges, sondern muss sich selbst vervollständigen. So ist auch das Verhältnis des Frühlings zum Menschen nichts Festgelegtes, sondern muss vom Menschen immer wieder neu in Freiheit selbst bestimmt werden.

Dass das durch Jahrhunderte, ja durch Jahrtausende hindurch immer geschehen ist, darf uns nicht dazu verleiten zu meinen, dass etwa das Osterfest aus der Tradition allein bestimmt sei. Schon in vorchristlichen Zeiten haben die Menschen das Belebende dieser Zeit erfahren und wahrgenommen, dass in dieser die Lebensgöttin ihre Quellen öffnet. Dieser Festinhalt hat sich aber längst gewandelt. In christlichen Zeiten wurde die Frühlingsnatur zum Abbild der todüberwindenden Kraft des Christus.

Wir haben damit einen Zugang zur Festgestaltung gewonnen, der nichts mit Traditionen zu tun hat, sondern ganz aus dem eigenen Inneren hervorgeht als eine freie schöpferische Tat des heutigen Menschen. Dieser Impuls kann sich dann Rechenschaft ablegen darüber, was von ihm sich verbinden kann mit herkömmlichen Sitten und Gestaltungen. Nicht das äußerlich Vorhandene bestimmt den Festinhalt, sondern es wird vom Menschen, der einen bestimmten Inhalt in seiner Seele trägt, ergriffen und mit Sinn erfüllt.

Das hat nun eine Folge, die uns als Erwachsenen mitunter Probleme macht. Es kann nämlich gar nicht ausbleiben, dass sich in einem solchen Gestalten aus einem Impuls, der in unserer Seele seinen Ursprung hat, in die Natur hinein Sichtbares und Unsichtbares verbinden und vermischen. Denken Sie an die Ostereier, die wir sehen, tasten, schmecken können, und daneben an den Osterhasen, der den Kindern die Eier bringt, der aber selbst unsichtbar bleibt und in allen sichtbaren Gestaltungen immer etwas Karikiertes hat. Wir sollten gar nicht versuchen, diese Diskrepanz aufzuheben, schon gar nicht, indem wir versuchen, alles in die Sichtbarkeit hineinzupressen. Am Unsichtbaren, Übersinnlichen erlebt das Kind etwas, das seinem eigenen übersinnlichen Wesen verwandt ist, erlebt, dass es auf Erden mehr gibt als das, was den Sinnen erscheint.

In diesem Zusammenhang spielen bei den größeren Kindern Geschichten eine vermittelnde Rolle, die nicht nur das Historische, was dem Fest zugrunde liegen mag, berichten sollen, sondern die den zuhörenden Kindern Erlebnisräume öffnen, in welchen jene speziell mit diesem Fest verbundenen Seelenkräfte angesprochen, erweckt und so erlebbar werden.

Wir bemerken: Durch die Feste wird dem Menschen Anlass gegeben, an sich selbst zu gestalten. Impulse werden zu seiner Verwirklichung geweckt, die sonst schlafen müssten. Gott, der geruht hat, wird als Schöpfer wieder erfahrbar – in den Festen, die der Mensch in die Natur und den Zeitenlauf hinein gestaltet aus den Impulsen, die als Werdekraft seinem Wesen mitgegeben sind.

Was wir über die Festgestaltung gesagt haben, können wir in den folgenden Punkten festhalten:
1. Die Natur gibt uns in ihren Vorgaben Bilder, die etwas in unserer Seele Schlummerndes wecken.
2. Aus der Beziehung dessen, was in der Natur lebt, zu dem, was in unserer Seele erwacht, gestalten wir ein Fest als Tat des Menschen in der sinnlichen Welt. Dieses Wissen müssen wir uns erwerben.
3. In solchem Gestalten entwickeln wir die speziell menschliche

Fähigkeit, unser Inneres der äußeren Welt kulturschaffend einzuprägen.

4. Sinnliche und übersinnliche Elemente durchdringen sich, und es sollte nicht mit aller Macht versucht werden, dies zu vermeiden. Das Fest erhält erst durch das Übersinnliche seinen Sinn. (Insofern trägt es »menschliche« Züge.) Geschichten können hier vermitteln.

Jeder Tag ein Fest

Gewiss denken wir, wenn wir von Festen sprechen, zunächst an die großen Feste des Jahres wie Ostern oder Weihnachten. Die Haltung, die hier charakterisiert worden ist, kann aber an jedem Tag geübt werden. Jede Situation, in die wir hineingeführt werden, fragt uns im Grunde genommen: Wie willst du sie menschlich ergreifen? Was willst du aus ihr machen? Jeder Tag legt uns immer wieder nahe, ihn für einen Augenblick festlich zu begehen. Hätten Sie nicht Lust, gerade jetzt ein kleines Fest zu feiern?

Was sind die äußeren Bedingungen? Vielleicht ist es Abend geworden. Draußen ist es dunkel; nur der Nachtwind rauscht. Oder Sie haben in einer mittäglichen Pause zu diesem Buch gegriffen. Für einen Augenblick verschnauft der Tag, holt Atem, um Sie – wozu? – einzuladen, sich Ihnen – für was? – zur Verfügung zu stellen? Was erwartet Ihre Umgebung jetzt von Ihnen? Welchen Sinn möchte sie von Ihnen empfangen? Möchte sie Ihre Dankbarkeit erleben dafür, dass sie sich Ihnen in all ihren vielfältigen Möglichkeiten hingegeben hat? Oder Ihren Mut wecken, den vor Ihnen liegenden Raum zu betreten und zu gestalten?

Menschenwelt möchte die Umgebung werden, teilhaben an Ihrem Leben, mittragen daran und von ihm Gestaltung empfangen. Feiern Sie doch noch schnell, ehe der Tag endet, ehe die Mittagspause vorüber ist, ein kleines Fest der Dankbarkeit – die Sterne am nachtschwarzen Himmel dienen Ihnen gern als Lichter für die vielen – bewussten und unbewussten – Lichtaugenblicke des zurückliegenden Tages –, oder feiern Sie ein kleines Fest der Ermutigung, indem Sie in sich das Staunen beleben darüber, dass sich Ihrem Tun, Ihren Zielen eine solch herrliche Welt öffnet, bereit, Sie zu empfangen und zu Ihrer Welt zu werden – jeder Blütenkelch bietet sich Ihnen als Bild für diese empfangende Offenheit der Welt an und als Bild dafür, dass diese Welt durch Ihr Hineintreten belebt, befruchtet werden möchte.

Jeder Tag gibt uns im Kleinen Anlass zur Festgestaltung – und damit zum Erwerb der Fähigkeit, auf menschliche Weise mit unserer Umwelt umzugehen. Es bedarf keiner großen Gestaltungen, sondern der Geistesgegenwart für das Festereignis des Augenblicks. Und siehe da: Die Welt um uns her verwandelt sich, feiert gern mit und freut sich, den in ihrer Mitte zu haben, der sie aus dem Naturdasein erhebt und ihr gestattet, als Bild für Göttliches im Irdischen zu uns zu sprechen und mit uns zu feiern.

In Zukunft wird es immer wichtiger sein, die Möglichkeiten zu erkennen, die insbesondere unseren Kindern eine Beschäftigung aus den in ihnen ruhenden speziellen Menschenkräften erlauben, und eine solche Beschäftigung zu befördern. Das Festefeiern bietet dazu immer wieder willkommenen und gesunden Anlass.

Festefeiern und Menschenwerden sind, so haben wir zu zeigen versucht, innig miteinander verwandt, sind ein und derselbe Prozess – einmal mehr im Äußeren, einmal mehr von innen her betrachtet. Wo Feste gefeiert werden, werden Menschwerdekräfte angeregt. Wo Menschen aus innerer Überzeugung an sich selbst und an der Verwirklichung des Menschseins bilden, da werden auch in Zukunft Feste gefeiert werden. Wo dies geschieht, da ist der Mensch im vollsten Sinne der in ihn gelegten Kräfte Mensch.

Bibliografie

Bijnsdorp, Liz: Die 147 Personen, die ich bin. Drama und Heilung einer multiplen Persönlichkeit. Stuttgart 1996.

Boogert, Arie: Beim Sterben von Kindern. Erfahrungen, Gedanken und Texte zum Rätsel des frühen Todes. Stuttgart 1986.

Burnham, Sophy: Engel. Erfahrungen und Reflexionen. Olten und Freiburg 1992.

dies.: Die Nähe Deiner Engel. Solothurn und Düsseldorf 1993.

Ewers, Hans-Heino: Die Kinderliteratur der Gegenwart als Spiegel veränderter kindlicher Lebenswelten. (www.goethe.de/os/hon/kiju/ewekin.htm)

Frankl, Viktor E.: Trotzdem Ja zum Leben sagen. München 1995.

Fuchs, Rosemarie: Stationen der Hoffnung. Seelsorge an krebskranken Kindern. Stuttgart 1984.

Grimm, Jacob und Wilhelm: Kinder- und Hausmärchen. Düsseldorf 1949.

Heil, Mirjam: Caspar. Das Leben und Sterben eines Kindes. Stuttgart 2001.

Lindgren, Astrid: Pippi Langstrumpf. Hamburg 1967.

Reich-Ranicki, Marcel: Mein Leben. Stuttgart 1999.

Sanders, Barry. Der Verlust der Sprachkultur. Frankfurt a. M. 1995.

Steiner, Rudolf: Bausteine zu einer Erkenntnis des Mysteriums von Golgatha (GA 175). Dornach 1996.

Streit, Jakob: Unsichtbare Wächter. Berichte von seltsamen Schicksalserlebnissen. Stuttgart 2000.

Tausch, Anne-Marie: Gespräche gegen die Angst. Krankheit – ein Weg zum Leben. Reinbek 1981.

Tausch, Anne-Marie und Reinhard: Sanftes Sterben. Was der Tod für das Leben bedeutet. Reinbek 1985.

Bastian Baan

Mit dem Herzen sehen lernen

Grundlagen religiöser Erziehung

136 Seiten, kartoniert

Eine religiöse Erziehung spielt in der heutigen Zeit häufig nur noch eine untergeordnete Rolle. Oft haben schon die Eltern als Kind keine religiösen Werte mehr vermittelt bekommen und deren Bedeutung selbst nie erfahren. Was ihnen und ihren Kindern dadurch aber unwiederbringlich verloren ging, sind seelische Kräfte, die nur durch ein religiöses Element in der Erziehung wachgerufen werden können.

Doch welche Bilder, welche Vorbilder können wir in unserer Zeit geben, damit sich religiöse Kräfte entfalten?

Bastian Baan gibt für diese Fragestellung praktische Hinweise, die sich ganz an den Entwicklungsphasen des Kindes orientieren, und zeigt durch Geschichten, wie man Kinder in ihrem jeweiligen Lebensalter auf die richtige Weise anspricht.

URACHHAUS

Brigitte Barz

Feiern der Jahresfeste mit Kindern

180 Seiten, kartoniert

»Das Feiern der christlichen Feste gehört zur religiösen Kinder-
erziehung hinzu. Sie sind für die Kinder wichtigste Seelennahrung.
Da aber viele Inhalte der christlichen Feste nicht unmittelbar
an das Kind herangebracht werden können und sollen, ist das
Pflegen von bestimmten Gebräuchen, das Miteinbeziehen von
Bildern und Symbolen um so wichtiger.
Aber jeder Brauch und jedes Symbol sollte so echt wie möglich
sein, das heißt, sie müssen wirklich etwas von dem Wesen des
jeweiligen Festes ausdrücken.
Im Verlauf der Jahrhunderte haben sich unzählige Bräuche un-
terschiedlichster Qualität entwickelt. Einige von ihnen sind hier
aufgegriffen, aber auch neue wurden hinzugefügt.«

Aus dem Vorwort

Aus dem Inhalt:
Grundelemente der Festgestaltung: *Das Bild – Die Natur – Die
Kerze – Gedichte und Lieder – Die Festesgeschichte* / Geschichten zum
Vorlesen durch alle Jahreszeiten / Rezepte / Literaturhinweise

URACHHAUS

Jeanne Mejs

Problemkindern helfen

durch Spielen, Malen und Erzählen.
Ein Ratgeber für Eltern und Erzieher

228 Seiten, kartoniert

Treten bei Kindern Störungen und Entwicklungsschwierigkeiten auf, so sind Eltern und Familienangehörige zunächst ratlos, manche resignieren sogar oder verdrängen die Probleme einfach. Aber wie hilft man Kindern, die mit Ängsten, Aggressionen, Entwicklungsrückständen, frühzeitigem seelischen Altern oder mangelnder Selbstwahrnehmung kämpfen?

Hier hilft die Bildtherapie weiter. Denn durch Bilder, die die Kinder spielend, malend und hörend aufnehmen oder selbst hervorbringen, lässt sich die Seele dort erreichen, wo sie besonders entwicklungsfähig ist.

Jeanne Meijs zeigt Wege, wie man dies in die Praxis umsetzen kann. Gleichzeitig möchte sie allen Eltern und Betroffenen mit Hilfe von Fallbeispielen Mut machen, sich trotz aller Schwierigkeiten gemeinsam mit den Kindern auf den Weg zu begeben.

URACHHAUS